塔吉克族聚居的塔什库尔干塔吉克自治县位于有"世界屋脊"之称的帕米尔高原东部、昆仑山北麓、塔里木盆地西缘、新疆维吾尔自治区南部，喀什地区西南角。塔什库尔干总面积为25 000平方公里，自治县境内有红其拉甫口岸和卡拉苏口岸。

走近中国少数民族丛书
主编/丹珠昂奔

塔吉克族
Tajikezu

西仁·库尔班 阿力木江·西仁 著

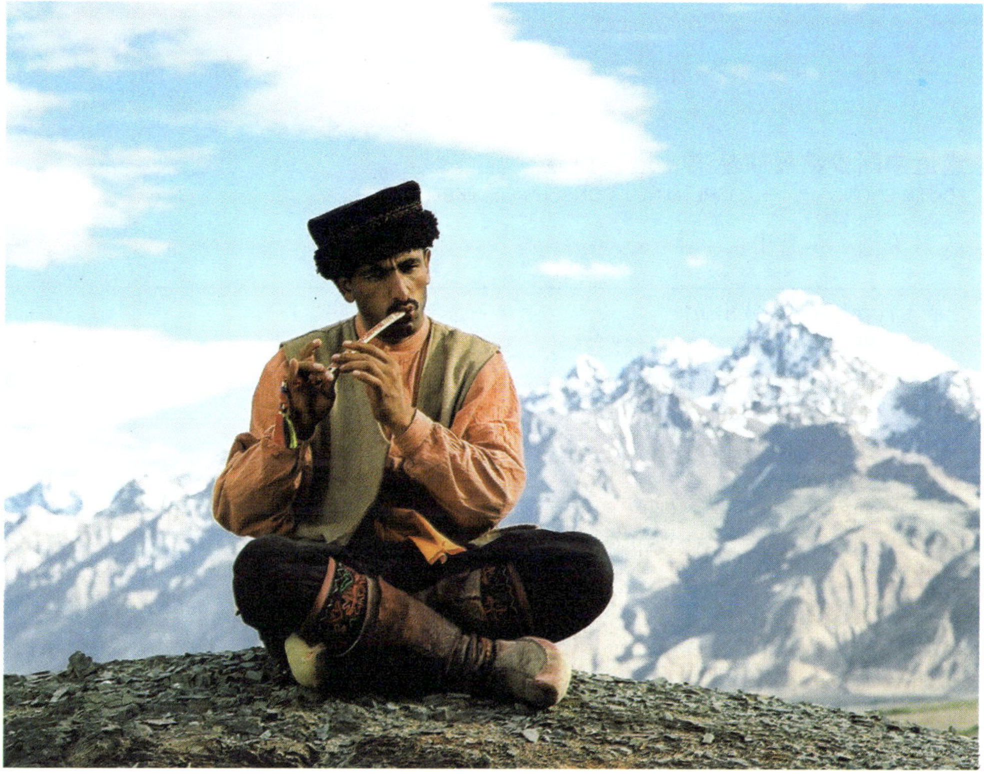

辽宁民族出版社

ⓒ 西仁·库尔班　阿力木江·西仁　2014

图书在版编目（CIP）数据

塔吉克族 / 西仁·库尔班，阿力木江·西仁著．—沈阳：辽宁民族出版社，2014.12（2020.5重印）
（走近中国少数民族丛书 / 丹珠昂奔主编）
ISBN 978-7-5497-0964-9

Ⅰ.①塔… Ⅱ.①西… ②阿… Ⅲ.①塔吉克族—民族历史—中国 ②塔吉克族—民族文化—中国 Ⅳ.①K284.1

中国版本图书馆CIP数据核字（2014）第310763号

走近中国少数民族丛书·塔吉克族
ZOUJIN ZHONGGUO SHAOSHU MINZU CONGSHU·TAJIKEZU

丛书策划 / 李凤山

出版发行者：	辽宁民族出版社
地　　　址：	沈阳市和平区十一纬路25号　邮编：110003
印　刷　者：	河北锐文印刷有限公司
幅面尺寸：	170mm×240mm
印　　张：	11
字　　数：	160千字
出版时间：	2014年12月第1版
印刷时间：	2020年5月第2次印刷
责任编辑：	李凤山　吴昕阳
封面设计：	杜　江
责任印制：	杨　雪
责任校对：	边京爱
标准书号：	ISBN 978-7-5497-0964-9
定　　价：	38.00元

网　址：www.lnmzcbs.com　　邮购热线：024-23284335
淘宝网店：http：//lnmz2013.taobao.com
如有印装质量问题，请与出版社联系调换　联系电话：024-23284340

《走近中国少数民族丛书》编辑委员会

主　编／丹珠昂奔（藏族）

副主编／武翠英　张学进　李凤山（蒙古族）

编　委／(按姓氏音序排列)

巴哈提（哈萨克族）	白庚胜（纳西族）	白兰英（蒙古族）
陈　丹（彝族）	杜　江	黄如猛（壮族）
金顺玉（朝鲜族）	李　璜	李　欣（朝鲜族）
李有明（回族）	吕　怡	莫福山（藏族）
权春哲（朝鲜族）	萨仁图娅（蒙古族）	佟　强（蒙古族）
吴昕阳（满族）	徐　凯	殷德俭
张学林（朝鲜族）	钟廷雄（壮族）	朱　虹（蒙古族）

《走近中国少数民族丛书》作者名录

《蒙古族》 萨仁图娅（蒙古族）

《回族》 许宪隆（回族） 张龙（汉族）

《藏族》 丹珠昂奔（藏族）

《维吾尔族》 艾克拜尔·吾拉木（维吾尔族）
　　　　　　买力克·买买提（维吾尔族）
　　　　　　伊利迪尔（维吾尔族）

《苗族》 石莉芸（苗族） 李云兵（苗族）

《彝族》 陈国光（彝族）

《壮族》 黄佩华（壮族）

《布依族》 周国炎（布依族）

《朝鲜族》 黄有福（朝鲜族）

《满族》 于今（满族）

《侗族》 杨筑慧（侗族）

《瑶族》 玉时阶（壮族）

《白族》 董建中（白族）

《土家族》 罗中（土家族） 罗午（土家族）

《哈尼族》 朱志民（哈尼族） 李泽然（哈尼族）

《哈萨克族》 艾克拜尔·米吉提（哈萨克族）
　　　　　　伊拉达·拉音别克（哈萨克族）

《傣族》 赵瑛（傣族）

《黎族》 罗文雄（黎族）

《傈僳族》 鲁建彪（傈僳族） 欧光明（傈僳族）

《佤族》 郭锐（佤族）

《畲族》 钟亮（畲族）

《台湾少数民族》 林华（台湾少数民族）

《拉祜族》 苏翠薇（拉祜族）

《水族》 韦学纯（水族）

《东乡族》 马兆熙（东乡族） 马自祥（东乡族）

《纳西族》 白庚胜（纳西族） 孙淑玲（汉族）
　　　　　　白羲（纳西族）

《景颇族》 金黎燕（景颇族）

《柯尔克孜族》 阿地里·居玛吐尔地（柯尔克孜族）

《土族》 祁进玉（土族） 东永学（土族）

《达斡尔族》 毅松（达斡尔族）

《仫佬族》 黎学锐（仫佬族） 黎炼（仫佬族）

《羌族》 雍继荣（羌族） 罗吉华（羌族）
　　　　周发成（羌族）

《布朗族》 陶玉明（布朗族）

《撒拉族》 马成俊（撒拉族） 马建新（撒拉族）

《毛南族》 韩德明（汉族）

《仡佬族》 周小艺（仡佬族）

《锡伯族》 阿苏（锡伯族） 盛丰田（锡伯族）
　　　　　何荣伟（锡伯族）

《阿昌族》 们发延（阿昌族） 张斯齐（蒙古族）

《普米族》 朱凌飞（汉族） 杨周明（普米族）

《塔吉克族》 西仁·库尔班（塔吉克族）
　　　　　　阿力木江·西仁（塔吉克族）

《怒族》 李月英（傈僳族） 张芮婕（傈僳族）

《乌孜别克族》 古丽巴努木·克拜吐里（维吾尔族）

《俄罗斯族》 乃珂热曼·依布拉音（塔吉克族）

《鄂温克族》 黄任远（汉族） 那晓波（鄂温克族）

《德昂族》 袁丽华（汉族） 王燕（汉族）

《保安族》 马少青（保安族）

《裕固族》 董潇红（裕固族） 王政德（藏族）

《京族》 吕俊彪（汉族）

《塔塔尔族》 卡米力·库尔马尤夫（塔塔尔族）

《独龙族》 李金明（独龙族）

《鄂伦春族》 王为华（汉族）

《赫哲族》 黄任远（汉族）

《门巴族》 陈立明（汉族） 张媛（汉族）

《珞巴族》 陈立明（汉族） 李锦萍（汉族）

《基诺族》 朱映占（汉族）

总序

中国是一个统一的多民族国家。几千年来，有着悠久历史和灿烂文化的少数民族，与汉族一道，在中华大地上繁衍生息，共同开发着这块土地，建设、发展、捍卫着这个古老而伟大的国家。各民族都是兄弟，相互离不开，都是这个国家的主人。习近平总书记在第二次中央新疆工作座谈会上发表重要讲话，指出："要坚定不移坚持党的民族政策、坚持民族区域自治制度。民族团结是各族人民的生命线。要高举各民族大团结的旗帜，在各民族中牢固树立国家意识、公民意识、中华民族共同体意识，最大限度团结依靠各族群众，使每个民族、每个公民都为实现中华民族伟大复兴的中国梦贡献力量，共享祖国繁荣发展的成果。各民族要相互了解、相互尊重、相互包容、相互欣赏、相互学习、相互帮助，像石榴籽那样紧紧抱在一起。""要在各族群众中牢固树立正确的祖国观、民族观，弘扬社会主义核心价值体系和社会主义核心价值观，增强各族群众对伟大祖国的认同、对中华民族的认同、对中华文化的认同、对中国特色社会主义道路的认同。"因此，坚持平等、团结、互助、和谐的社会主义民族关系，不断增进了解，深化友谊，建立牢不可破的感情基础，是中国社会转型期、改革攻坚期、矛盾多发期保持社会稳定、发展的基本要求，也是实现中华民族伟大复兴的中国梦的基本要求。

为了进一步宣传我国少数民族的历史文化和民族风情，增强对少数民族的认识，宣传党的民族政策和方针，加深对党的民族政策的理解，加强各民族之间的了解与沟通，让读者了解少数民族，中华人民共和国国家民族事务委员会文化宣传司和辽宁民族出版社共同组织了《走近中国少数民族丛书》。

《走近中国少数民族丛书》的编写有以下三个特点：第一，采用图文并茂的形式、鲜活生动的语言、特色浓郁的图片与丰富的民族常识链接，向读者展示我国55个少数民族的历史渊源、民族变迁、社会生活、文化艺术、风俗习惯、历史人物和民族区域自治政策的伟大实践。第二，作者多为本民族的专家学者和与民族研究工作相关的专家学者，对自己撰述的对象既有深厚的知识积累，也有真挚的情感。第三，内容彰显了历史与现实、民族文化与地域文化、民族区域自治地方与散杂居地区少数民族生产生活的多彩画卷和轨迹，引导读者走近少数民族，聆听他们的古老传说，感受他们的发展变化，加深彼此的沟通和了解。这套《走近中国少数民族丛书》是面向民族干部和各级干部通览我国少数民族概况的普及读本，也是图书馆的必备藏书。

　　《走近中国少数民族丛书》所揭示的每一个民族的历史，都承载着这个民族的文化，也承载着这个民族的发展和未来。中华大地孕育的55个少数民族多彩斑斓的民族文化，同汉族文化一道从远古走到今天，汇入了中华文化壮阔的历史长河。"共同团结奋斗，共同繁荣发展"，保护、传承和弘扬少数民族优秀文化，不仅是推动我国民族团结进步事业的重要内容，也是构建和谐社会、实现中华民族伟大复兴的中国梦的重要使命。期待通过《走近中国少数民族丛书》，使广大读者徜徉于少数民族多彩风情的同时，更加深刻地了解和认知中华民族多元一体的文化内涵，感受中华民族悠久历史的深远与厚重。

丹珠昂奔

2014年6月26日

前言

塔吉克族 帕米尔高原的雄鹰

在认真贯彻执行第二次中央新疆工作座谈会议精神，推进新疆跨越式发展和建设团结和睦、繁荣富裕、文明进步、安居乐业的社会主义新疆大背景下，《走近中国少数民族丛书·塔吉克族》一书由辽宁民族出版社出版发行。这部较全面系统论述中国塔吉克族的著作问世是塔吉克族人民文化生活中一件令人欢欣鼓舞的大事。

《走近中国少数民族丛书·塔吉克族》一书以文化人类学、文化生态学、历史学、民族学等诸学科的基本理论为基础，以现有的考古资料、文献资料、前人的研究成果和实地调研资料为基础，全面论述并介绍了塔吉克族的地理生态环境、社会历史演变、宗教信仰、伦理道德、语言文字、文学艺术、民间体育竞技和其他一些文化现象，具有较高的学术水平，堪称一部十分重要的塔吉克文化的专著。

塔吉克族是我国一个具有悠久历史、灿烂文化和光荣传统的古老民族，同时也是我国民族大家庭中一个富有道德情感和道德传统的民族。

塔吉克族大部分聚居在新疆维吾尔自治区喀什地区塔什库尔干塔吉克自治县，其余则分布于南疆喀什地区泽普县、莎车县，和田地区的皮山县，克孜勒苏柯尔克孜自治州阿克陶县等地。据2010年第六次全国人口普查数据显示，塔吉克族人口51 069人，其中30 629人居住在塔什库尔干塔吉克自治县，占该县人口总数的81%。新中国成立以后，塔吉克族人口不断增加，从1949年不到1万人口增加到2010年的51 069人，从人口的变化，可以看到塔吉克社会翻天覆地的变化。

塔吉克族聚居的塔什库尔干塔吉克自治县位于有"世界屋脊"之称的帕米尔高原东部、昆仑山北麓、塔里木盆地西缘、新疆维吾尔自治区南部，喀什地区西南角。塔什库尔干总面积为25 000平方公里，自治县境内有红其拉甫口岸和卡拉苏口岸。塔什库尔干塔吉克自治县作为我国最西端对外开放的窗口，有着连接中亚、西亚、南亚的纽带和桥头堡的美称。

塔吉克族所使用的语言属印欧语系伊朗语族。这一语言包括色勒库尔方言和瓦罕方言。塔吉克语具有悠久的历史，它的形成和发展可追溯到古老的东伊朗语——塞语和粟特语。

在漫长的历史发展过程中，塔吉克族及其先民曾崇拜和信仰过多种原始自然现象和佛教及琐罗亚斯德教（拜火教）。自11世纪下半叶，塔吉克族普遍信仰伊斯兰教什叶派中的支派——伊斯玛仪派至今。

塔吉克族形成的历史可追溯至非常古老的年代。在我国，塔吉克人的先祖所生活的塔什库尔干及其周围，从旧石器时代起就有原始人在活动。

塔吉克族先民自古以来就与我国中原地区有着密切联系。西汉时期，今天的塔什库尔干及其周围地区为西域三十六国中的蒲犁、依耐、西夜等王国。东汉时期，塔什库尔干地区被称作"德若国"。三国魏朝时期，这里又被称作"满犁"，史学家们以为"满犁"可能是西汉时期的"蒲犁"之误写。晋朝时期，塔什库尔干地区被称作"亿若"。从公元初期至唐朝开元年间，塔什库尔干地区为揭盘陀国所统治。有关这一王国的形成、社会制度、社会关系和以后的状况，在我国不同的朝代都有记载。

在我国塔吉克族历史中揭盘陀国大约存在500多年，唐朝开元年间（713—741），吐蕃势力达到帕米尔一带，揭盘陀国国王归降吐蕃，于是揭盘陀国便从历史舞台上消逝了。唐朝便在塔什库尔干设立了属安西都护府管辖的"葱岭守捉"，将此地作为国家边境上的一处要塞。

宋元时期，塔什库尔干地区很少被提及，除记载它属于于阗外，再无其他任何文字材料。但是，这个时代却是塔吉克人历史上发生巨变的时代——由于阿拉伯人的征服，塔吉克人接受了伊斯兰教。蒙古人征服中亚之后，即元朝时，塔什库尔干连同中亚大片一起便归属于察合台汗国。明朝时期，塔什库尔干地区又属于叶尔羌赛伊迪亚汗国。

乾隆二十四年（1759），清朝政府平定了大小和卓之乱，在新疆实行军府制度，设置了统辖新疆的伊犁将军。当时塔什库尔干的穆喇特伯克将所有户口田亩，呈报清政府备案。从这时期起，清政府正式将塔什库尔干的塔吉克族聚居区划为叶尔羌的一个庄，即色勒库尔回庄。色勒库尔回庄受叶尔羌办事大臣管辖。

19世纪中期和20世纪初期，浩罕汗国侵犯塔什库尔干地区。在抗击罕国入侵的斗争中，塔吉克人中出现了著名的民族英雄库尔察克。

同治九年（1870）开始，沙皇俄国和英帝国主义就开始争夺帕米尔地区，他们背着清朝政府，在光绪二十一年（1895）签订了瓜分帕米尔的英俄《伦敦条约》，给塔吉克人民带来巨大的灾难。

清朝政府荡平阿古柏、光复新疆之后，光绪四年（1878）在色勒库尔地区设立兵站，在边境上建立卡伦哨所，以加强边防。光绪十年（1884），清朝政府将新疆改为行省，省以下设立道、府、厅、州、县各级行政机关。光绪二十八年（1902），在色勒库尔设立归莎车府管辖的"蒲犁分防通判厅"。

辛亥革命之后，1913年，蒲犁厅改为蒲犁县，属喀什地区所管辖。为了统治色勒库尔的居民，仍保留了伯克制度。

1945年，塔什库尔干爆发了"蒲犁革命"，起义推翻了国民党在蒲犁的政权，成立了蒲犁专员公署作为政权机关。

中华人民共和国成立之后，1950年3月成立塔什库尔干县人民政府。1954年实行民族区域自治，成立了塔什库尔干塔吉克自治县，此后隶属喀什专署、南疆行署和现在的喀什地区行政公署。

勤劳智慧的塔吉克族人民，根据帕米尔高原有山、有谷、有水的地理特点，充分利用大自然赋予的客观条件，在高山牧场上放牧牲畜，在低谷农田中种植庄稼，形成农牧结合，以畜牧业生产为主，兼营农业的格局。新中国成立以来，塔吉克族人民翻身做了主人，物质生活和精神面貌发生了翻天覆地的变化。

由于独特的自然地理生态环境和人文环境以及人种、语言、历史、宗教等诸种原因，形成了塔吉克族独具特色的文化，这种文化除了具有中亚其他一些民族所具有的伊斯兰文化特色之外，还具有高原冰山文化的特征，具有非常古老淳朴的特点。这一特点在塔吉克诸种民俗事项中表现得尤为突出。这就使得塔吉克族文化具有一种神奇的色彩和迷人的魅力。总之，塔吉克族是一个有着自己悠久历史和古老文化传统的民族，塔吉克族的历史是中华民族历史的一部分，塔吉克族的文化也是中华民族文化的一部分。

随着改革开放的不断推进，塔吉克族人民的生活向越来越好的方向发展。塔吉克族人民同全国各族人民一起正沿着建设中国特色的社会主义道路，奔向共同繁荣的光辉前程。

目录

总序	001
前言	003
第一章　距离太阳最近民族的地理环境	011
世界的屋脊、神秘的高原	012
巍峨的喀喇昆仑与昆仑山	019
世界第二高峰——乔戈里峰	022
雄伟而奇特的公格尔姊妹峰	024
丝路重镇，神圣净土——塔什库尔干	025
第二章　王冠民族的辉煌历史	029
族称族源	030
古老的雅利安后裔	033
太阳神的子孙——汉日天种	036
历史的年代	037
第三章　庄严的信仰文化	045
原始自然崇拜	046
伊斯兰教伊斯玛仪教派的信仰	051
神圣的"麻扎"朝拜	054
禁忌习俗	060
第四章　独特而有趣的礼法与教义	063
开嘴仪式	064
取名习俗	064
亲属称谓	065
子女教育	065
遗产继承	067

割礼和剪发礼 067
见面礼 067
吻手礼 068
待客礼 068
孝敬父母 070
尊重妇女的习俗 070
撒面粉，以示祝福 071
肃穆而隆重的悼唁仪式 072

第五章 多彩的民族风情 081
蓝盖力房屋 082
自然而营养丰富的高原美食 083
鲜艳夺目的民族服饰 086
"国王"与"王后"的婚礼 088
五彩缤纷的民族节日 092

第六章 灿烂的民族文化 101
语言文字 102
民族教育发展 104
民间文学 107

第七章 绚丽的民族艺术 111
舞蹈 112
乐器 113
戏剧 118

第八章　古老的民族技艺 ……………………… 121
传统游戏 …………………………………………… 122
马背上的传统体育 ………………………………… 123
传统医疗 …………………………………………… 127
美观大方的民族工艺 ……………………………… 130

第九章　民族区域自治 ………………………… 133
塔什库尔干塔吉克自治县 ………………………… 134
塔什库尔干塔吉克自治县塔吉克阿巴提镇 ……… 137
孜热甫提夏塔吉克族乡 …………………………… 138
布依鲁克塔吉克族乡 ……………………………… 139
垴阿巴提塔吉克族乡 ……………………………… 139
塔尔塔吉克族乡 …………………………………… 140

第十章　杰出人物 ……………………………… 143
库尔察克 …………………………………………… 144
买买提·克里木 …………………………………… 145
夏日夫·热西德伯克 ……………………………… 146
达里 ………………………………………………… 147
达卡·夏赫那扎尔 ………………………………… 147
西仁伯克·买买提 ………………………………… 148
龙吉克 ……………………………………………… 148
卡尔万夏·塔吉伯克 ……………………………… 149
艾玉特拜格姆 ……………………………………… 150
祖拉力·牙库甫 …………………………………… 151
塔毕勒迪·吾守尔 ………………………………… 151
古力米尔·买买提 ………………………………… 152

肉斯塔木·玛纳斯 ……………………………… 153
司马义·艾则孜 …………………………………… 154
买买提·肉孜 ……………………………………… 155
都尔达娜·卡库勒 ………………………………… 155
居马·赛德 ………………………………………… 156
阿提开姆·扎米尔 ………………………………… 157
伊萨克·阿扎热 …………………………………… 158
马达力汗·包仑 …………………………………… 158
艾尔卡·木沙克 …………………………………… 159
卡德尔·夏布苏里坦 ……………………………… 159
莫尼·塔毕勒迪 …………………………………… 161
肉孜·古力巴依 …………………………………… 161
拜海提·牙合甫 …………………………………… 162
阿洪尼克·都来提伯克 …………………………… 162
扎米尔·赛都拉扎德 ……………………………… 163

参考文献 ………………………………………… 164
图片提供者 ……………………………………… 167
后记 ……………………………………………… 168

第一章
距离太阳最近民族的地理环境

帕米尔高原,海拔最高处7 700多米,因其居"地球之巅",而享有"万山之祖"之誉。汉、唐时期横贯欧亚大陆的"丝绸之路",就是通过帕米尔高原向西北延伸。古老的塔吉克民族世代居住在这片距离太阳最近的地方。

帕米尔高原

世界的屋脊、神秘的高原

一般认为,"帕米尔"是波斯语,意思是"世界屋脊"。但我国塔吉克族对"帕米尔"这个名称有两种解释:其一指最高的地方,这里的水向世界的四方流去;其二指肥沃的草原。

在我国古代史籍中有很多关于"帕米尔"的记载。《穆天子传》称之为春山,谓"春山,是唯天下之高山也"。《汉书·西域传》称其为"葱岭"。《水经注》引《西河旧事》记载:"葱岭在敦煌西八千里(一作千里),其山高大、上生葱,故曰葱岭。"很显然"春山"和"葱岭"取义于"山崖高耸郁葱葱",这与塔吉克人观念中"帕米尔"一词的含义有其一致性。此外《大唐西域记》称其为"波谜罗",而《新唐书》称其为"播密",实为"帕米尔"一名的同音异写而已。

我国境内的"帕米尔"指帕米尔高原的东部,海拔多在3 200米~4 500米之间,最高处海拔7 700多米。它因居地球之巅,而享有"万山之祖"之誉。许多旅行家经过这里,都留下了

帕米尔高原草场

令人神往的美丽传奇游记。

这里虽然地势高，温度偏低，不利于农业生产，但由于降水略多，草场质量较好。因此，在这里不仅可以领略到高原雄鹰的独特民族风情，同时还可以饱览高原美景。

帕米尔地区是古代东西交通的要冲，对于中西经济、文化交流，起着非常重要的作用。汉、唐时期横贯欧亚大陆的"丝绸之路"，就是通过帕米尔高原向西北延伸，直达大月氏、康居、安息及黑海之滨等地的。由于在历史上帕米尔高原作为"丝绸之路"的要冲，具有重要的战略地位，因此，我国的历代王朝都曾在此地设置葱岭守捉或驿站。

红其拉甫口岸

如今，从喀什通往巴基斯坦的中巴友谊公路即穿越塔什库尔干塔吉克自治县；我国通往亚非拉一些国家的国际航线的班机，也从这万仞高原的上空飞过。

关于帕米尔的位置和范围，有史以来出现各种不同的记载和观点。《汉书·西域传》记载：

西域以孝武时始通，本三十六国，其后稍分至五十余，皆在匈奴之西，乌孙之南。南北有大山，中央有河，东西六千余里，南北千余里。东则接汉，阸以玉门、阳关，西则限以葱岭。

《大唐西域记》卷十二记载：

从此东入葱岭。葱岭者据赡部洲中。南接大雪山，北至热海、千泉，西至活国，东至乌铩国，东西南北各数千里。崖岭数百重，幽谷险峻，恒积冰雪，寒风劲烈多出葱，故谓葱岭。又以山崖葱翠，遂以名焉。

《钦定皇舆西域图志》卷二十三记载：

葱岭，一名极疑山，在天山西南，与南山会合处。连岗叠嶂，数百余里，起伏迤逦，高者上薄霄汉，为西域西境之屏障。今喀什噶尔、叶尔羌正西一带诸山皆是也。喀什噶尔（河为葱岭北河）、叶尔羌（河为葱岭南河），皆发源于此。其间土名随地而殊，于古总谓之葱岭。

《新疆图志·国界志》记载：

帕米尔者葱岭之脊，其地纵横各二度，南至兴都库什山，北抵阿赖岭，东起赫色勒牙克，西极喷赤河。地处极高，形如平顶之屋，平顶之中，又复山脉隆起，言帕地者，谓山势一纵四横，惟赫色勒牙克为南北脉，余皆东西脉，群山相间，分为数区，区各异名，而总称之曰帕米尔。

美丽的帕米尔高原

帕米尔高原是亚洲大陆巨大山脉的山结，闻名世界的喜马拉雅山脉、喀喇昆仑山脉、昆仑山脉、天山山脉和兴都库什山脉均在此交汇，并由此向四面八方延伸开去。如果把这里交汇的山脉比作一株大树的话，帕米尔便是这株大树的主干，其他各大山脉便是这株大树的枝枝蔓蔓，于是人们把帕米尔高原称为"世界屋脊"。巍巍群山以其高险，以其绵延不断、互相连缀的山川走势成为欧亚大陆主脊的一个组成部分。

人们习惯于把帕米尔分东帕米尔和西帕米尔。东帕米尔主要包括帕米尔高原中属于中国领土的那一部分，即塔格敦巴什帕米尔或塔什库尔干周边地区；西帕米尔包括塔吉克斯坦的南部和阿富汗的东北部。

根据整个帕米尔地区的地貌，以帕米尔地区的河流湖泊为界，人们把帕米尔分为八个部分，即八帕。

知识链接 八帕

1. 塔格敦巴什帕米尔简称当巴什帕米尔，是塔吉克语"色勒库尔帕米尔"的突厥语对应名称，意思是"最高的地方""群山之首"。塔格敦巴什位于帕米尔高原的东南部，是帕米尔的最高处，平均海拔4 000米，亚洲大陆上的大山脉多从此处开始向四周延伸。这里屹立着公格尔峰（海拔7 719米）和慕士塔格峰（海拔7 546米）。塔什库尔干地区正位于塔格敦巴什帕米尔。

◀ 公格尔峰

◀ 塔格敦巴什帕米尔

2. 库尔达帕米尔也叫小帕米尔，位于塔格敦巴什帕米尔的西边，包括发源于奥依库勒湖、向东北方向流经的阿克苏河流域。

3. 卡兰帕米尔也叫大帕米尔，位于库尔达帕米尔的东面，朝东北方向流去的伊斯蒂克河和朝西流去的帕米尔河两岸广阔的平原，都在卡兰帕米尔的范围之内。

4. 阿尔楚尔帕米尔位于卡兰帕米尔的北面，恰迪尔塔西与伊西河库里湖之间的地方均为阿尔楚尔帕米尔。

5. 萨雷兹帕米尔位于阿尔楚尔帕米尔的北面，其东部从阿克巴依塔尔河和阿克苏河会合处开始，一直到西伯尔坦的木尔加布河流域。

6. 朗库里帕米尔位于萨雷兹帕米尔以东，萨雷兹帕米尔东面和阿克巴依塔尔河流域均在其范围之内。

7. 海尔古西帕米尔也叫和什库珠帕米尔，位于萨雷兹帕米尔以北，喀拉库里湖四周的广阔地带均属海尔古西帕米尔。

8. 瓦罕帕米尔位于卡兰帕米尔以南，库尔达帕米尔以西，瓦罕河流域的广大地区属瓦罕帕米尔。

◀ 瓦罕帕米尔

八个帕米尔是大家公认的帕米尔的主要地区。另有部分研究者认为塔什库尔干地区的马尔洋、新峡里等地有其独特的地理位置，提议将这两地另辟为两个帕米尔。笔者认为无此必要，从宏观上看把两地归入塔格敦巴什帕米尔并无大谬。

◀ 帕米尔高原冬季景色

帕米尔高原虽然是一个高寒山区，但由于地理位置的特殊性，古往今来一直是横贯东西方的重要通道，是古丝绸之路的必经之地，同时南北之间也有易于通行的道路。从古代起我国人民就行走于这一著名的世界屋脊，最早地记录了这块引人注目的重地，留下了不少为世界所珍视的著作。《山海经》《穆天子传》《汉书·西域传》等书对葱岭及各小国都有明确记载。

4世纪末西去印度的法显，在他的《佛国记》里更详细记述了葱岭的自然景观；继之翻越葱岭的还有高僧智猛、昙无竭（法勇）和518年西去的宋云、惠生。在宋云的行记中，也生动地记述了涉足葱岭的境遇；特别是629年西行的玄奘，来去都经过帕米尔，是我国古代经过帕米尔地方最多、记载最详细之人，正是他明确指出了帕米尔的范围："据赡部洲中，南接大雪山，北至热海、千泉，西至活国，东至乌铩国，东西南北各数千里，崖岭数百重，幽谷险峻，恒积冰雪，寒风劲烈。"赡部洲系佛教所指四大洲之一，即指葱岭位于亚洲的中心地带；热海为伊塞克湖；千泉在怛逻斯以东；活国系原吐火罗地，即今

◀ 玄奘

◀ 马可·波罗

阿富汗；乌铩今英吉沙一带。在当时的条件下能描绘出葱岭的轮廓，是难能可贵的。玄奘还第一个记载了帕米尔的最早名称——波谜罗。这些都显示了我国人民的毅力和才智。欧洲人虽然在古希腊作家托勒密的地理著作中提到了伊摩斯山即葱岭或帕米尔，却十分模糊。后来直到13世纪下半叶马可·波罗东来中国时，才对帕米尔有了比较清楚的记述。俄、英等西方大国知道帕米尔已是19世纪的事了。

帕米尔高原野沙棘

总之，帕米尔高原地域辽阔，地貌复杂，气候独特。东帕米尔，即塔什库尔干的西部和南部的高山上终年冰雪覆盖，银光闪烁，东部山谷中树木葱郁，有杏、桃、苹果、梨等果木。

帕米尔，一个存在于人类想象之外的高原，有着一种超常的残酷的恶劣自然条件。然而，在那些高山之间有一条条纵横分布的峡谷，其海拔高度相对较低，形成了河流和草甸，历史上这些稍宽的河谷便产生和传承着文明。

我国史学家岑仲勉根据《山海经》记载："南望昆仑，其光熊熊，其气魂魂。西望大泽，后稷所潜也。"认为，周人源于帕米尔一带。赵俪生先生也说，周人始于新疆最西南隅。史学界认为，周人的始祖后稷叔均曾牧耕于帕米尔，这里自然就是我国最早的农耕开发区，中华民族文明的摇篮之一。

帕米尔高原，一个把世界分为东方与西方的万山之源。帕米尔高原是世界东方史上最有分量的文化地域之一，人类历史上的

涓涓秀水的帕米尔高原

诸多文明都曾在此交汇，它是古往今来的文化十字路口。

帕米尔，一个充满神性启示的高原，一个光照人类精神万载千年的地方，一个对人类想象力给予的恩惠、启发与培育的圣地，在这里人们找到了旧石器时代晚期的古人类文化遗址，发现了遥远先民在帕米尔使用篝火的地层痕迹，诞生了古老的昆仑神话体系。登上帕米尔高原，就是去追索它那巨大的包容力、蕴藏力，去朝圣先祖圣灵创造的奇迹圣境。

巍峨的喀喇昆仑与昆仑山

巍峨壮观、绵延起伏、蜿蜒于南疆地区周围的喀喇昆仑山、西昆仑山以及与之相连的帕米尔高原，不仅构成了南疆地区独特的自然地貌，而且是形成众多高山湖泊的源泉。正是由于它们的

喀喇昆仑山脉

存在，制约和影响着新疆河流的发源、流向以及新疆气候的冷暖干湿。

喀喇昆仑山位于喀什地区西南，中国与克什米尔地区之间，是一条自西向东南走向的山脉。长约800公里，宽约240公里，平均海拔5 500米以上。

喀喇昆仑山岩峭峻，巨峰拱列，犹如万笏朝天。海拔在8 000米以上的14座高峰中，有4座便坐落在喀喇昆仑山脉之中，其中海拔8 611米的主峰乔戈里（塔吉克语意为"巨大的高峰"）是仅次于珠穆朗玛的世界第二高峰。由于喀喇昆仑山的地势和喜马拉雅山区一样高，海拔在6 000米以上的地带比较广阔，加之山间与山体主脉平行的纵形谷地，因而冰川区域较大。乔戈里峰北坡著名的音苏盖堤冰川，长40.2公里，是我国境内已知最长的现代冰川，成为帕米尔地区众多河流的重要源泉。新疆境内的喀喇昆仑山为山脉的东北坡，乔戈里峰北坡的冰雪融水形成泽拉甫香河，而这个河是叶尔羌河重要的补给来源。喀喇昆仑山口到空喀山口段东坡的冰雪融水，则为和田河西源的重要补给来源。喀喇昆仑山区的一些山口，历史上也是中外商旅往来的国际商道。西方人把过去这些中国同印度之间的商道，称之为喀喇昆仑路线。这条路线曾为中外的经济、文化交流起了一定的作用。

昆仑山与喀喇昆仑山在我国古籍中被称为昆山或南山，而昆仑山在《水经注》中又有"阿耨达山"之称。

昆仑山是横贯中国西部的高大山脉,也是世界上最长、最大的山脉之一。它西接帕米尔高原,东到柴达木河上游谷地,是一个由许多山脉组成的巨大山系。西端以叶尔羌河上游的塔什库尔干地区的东部与喀喇昆仑山分界,向东一直延伸到四川省的西北部,横跨新疆、西藏、青海、四川等省区。整个山体长约2 500公里,平均宽度150公里~350公里,海拔高度在5 500米~6 000米之间,在新疆境内长约1 700公里。它北侧以巨大的高差俯临新疆的塔里木盆地和青海的柴达木盆地;南侧则以一系列的山前洼地、盆地和宽谷与藏北高原、长江源山相分隔。昆仑山虽比不上喀喇昆仑山之陡峭,但山体更为壮阔,其势如巨蟒蜿蜒于亚洲中部,故有"莽昆仑"与"亚洲脊柱"之称。

西昆仑起自帕米尔东部边缘,即自塔什库尔干的东部地区延伸到和田的玉龙喀什河上游。长约600公里,平均宽度为150公里,7 000米以上的高峰3处,6 000米~7 000米的高峰有7处。其中,西端高7 719米的公格尔山和7 546米的慕士塔格山,东端高7 282米的慕士山和6 802米的切尔里丘克山都是西昆仑较高的山峰。它们和其他山岭一起组成了一道巨大的天然屏障,阻住了

喀喇昆仑
山脉
▼

昆仑山冰川

来自西北的气流,故而形成较多的山地降水,使局部地区生长了茂密的森林。昆仑山林场的大片森林主要分布在横亘莎车、叶城西南部的西昆仑北境地带。

昆仑山脉由于山势高耸,拥有大量的冰川和积雪,因此形成了南疆地区河流、源泊和地下水的补给源与重要的"固体水库"。除此之外,昆仑山脉还蕴藏着煤、铁、铜、锌资源与金、铬、钼、钴、镍等稀有金属资源。它们的开发利用,对促进南疆地区经济的发展将起到重要的作用。

世界第二高峰——乔戈里峰

乔戈里峰,塔吉克语意为"高大雄伟的山峰",海拔8 611米,是喀喇昆仑山脉的主峰,是地球上海拔仅次于珠穆朗玛峰的山峰,位于中国与巴基斯坦边界,地理坐标为东经76.5°,北纬35.9°。其高度在世界14座海拔8 000米以上的山峰中列第二位,国外又称K_2峰("K"指喀喇昆仑,"2"是当时它是第二座喀喇

▸ 乔戈里峰

昆仑山脉被考察的山峰），是国际登山界公认的攀登难度较大的山峰之一。

乔戈里峰，位于喀喇昆仑山脉的中段，新疆维吾尔自治区塔什库尔干塔吉克自治县境内与克什米尔地区巴基斯坦实际控制区的接壤处。乔戈里山峰主要有6条山脊，西北—东南山脊为喀喇昆仑山脉主脊线，同时也是中国、巴基斯坦的国境线。其他还有北山脊、西山脊、西北山脊等。

峰巅呈金字塔形，冰崖壁立，山势险峻。在陡峭的坡壁上布满了雪崩的溜槽痕迹。山峰顶部是一个由北向南微微升起的冰坡，面积较大。北侧如同刀削斧劈，平均坡度达45°以

▸ 音苏盖堤冰川

上。从北侧大本营到顶峰，垂直高差竟达4 700米，是世界上8 000米以上高峰垂直高差最大的山峰。北侧为冰川，地形复杂多变。冰川表面破碎，明暗冰裂缝纵横交错。冰川西侧山谷为陡峭岩壁，滚石、冰崩、雪崩频繁。乔戈里峰北坡，就是长达40.2公里的音苏盖堤冰川。

乔戈里峰地区不仅地形险恶，气候也十分恶劣。每年5—9

月，西南季风送来暖湿的气流，化雨而降，是本地区的雨季。9月中旬以后至翌年4月中旬，强劲的西风凛冽而至，带来严酷的寒冬。峰顶的最低气温可达零下50°，最大风速可达到25米/秒以上，是登山的气候禁区。在5—9月间，由于升温融雪和降水，往往造成河谷水位猛涨，进山困难。因此，登山活动的最佳时机应安排在5—6月初进山，其时河水虽涨，但不太严重；7—9月，山顶气温稍高，好天气持续时间较长，是登顶的好时间。

海拔7 000米以上经常刮着8级以上的高空风，风速达每小时60公里以上，有时每秒就可以达到25米，降雪时会连续降4—5天，温度最低时达到零下50℃以下，峰顶常年被浓雾笼罩。在每年的5—9月，西南季风送来温湿气流，这是雨季，融雪和降水，会导致河谷水位猛涨，人畜都难以进入。

雄伟而奇特的公格尔姊妹峰

在塔什库尔干塔吉克自治县北面与慕士塔格峰相连的旅游景区，有一处雄伟的大山——公格尔山。这山由两座山峰组成，一座叫公格尔峰，另一座叫公格尔九别峰，这两座宛若姊妹的山峰同样美丽、壮观，闻名远近。

公格尔峰也叫大公格尔峰，海拔约7 719米，不仅在帕米尔

公格尔
九别峰 ▶

山系中是最高的山峰，而且在整个昆仑山系中也是最高。公格尔山峰被巨大的冰层所覆盖，这冰川由7 000米～5 000米高度自上往下延伸。据勘测，这里有大大小小的冰川20条。夏日冰雪融化，条条山谷流水淙淙，一齐汇入盖孜河。

公格尔九别峰诚如它的名称所显示的那样，是一个多峰的山，也叫小公格尔山或公格尔第二峰，海拔7 590米，它那白雪皑皑的冰雪山峰有的在阳光下如延伸很远的波浪，有的像熠熠生辉的玉雕宝塔，有的则像擎天的玉雕巨柱。

冰雪覆盖的公格尔峰的自然结构十分复杂，冰川与冰川互相交错，常有雪崩、滑坡等现象发生，对登山运动员造成极大的威胁和困难，尽管如此，人类总能征服大自然。

丝路重镇，神圣净土
——塔什库尔干

塔什库尔干塔吉克自治县位于新疆西南部、帕米尔高原东部、喀喇昆仑山北部、塔里木盆地西部、喀什地区西南部、慕士塔格峰山脚下的一方神奇土地。总面积2.5万平方公里，全县人口3.5万余人，周边与巴基斯坦、阿富汗、塔吉克斯坦三国接

◀ 石头城遗址

塔什库尔干农舍

壤,边境线长888公里,是我国国境线最长、毗邻国家最多的、唯一的塔吉克自治县。

塔什库尔干,原名蒲犁,又名渴盘陀,维吾尔语意为"石头城堡",塔吉克语意为"皇冠"或"戴皇冠者"。塔什库尔干资源丰富,开发潜力巨大,县域农牧民主要从事牧业、农业,以牧业为主,牲畜品种主要有当巴什大尾羊、山羊、牛、牦牛、马和骆驼等,农业主要种植小麦、青稞、豌豆、玉米、油菜、马铃薯等农作物。

塔什库尔干自然景观奇特,气候生态多样,这里冰峰与草原共存,民族风情独具特色,自古以来就有"歌舞之乡"的美誉,尤以"慕士塔格冰川奇景""丝绸之路"享誉世界,自古就是中外游客神往和迷恋的旅游胜地,具有发展旅游业的独特优势。县境内冰山耸峙,峪谷纵横,南有海拔8 611米的世界第二峰乔戈里峰,北有公格尔和公格尔九别姊妹双峰,著名的海拔7 546米的"冰山之父"慕士塔格峰享誉世界。县境内到处是冰山、冰洞、冰川、冰塔。奇山怪石、奇花异草遍布全境;喷泉、温泉、湖泊、牧场点缀雪岭;杏花村、花果山散布于巍峨冰峰之间。在县境内可看到距今数千年的古文化遗址,又可看到公元前8世纪—公元前5世纪的文化遗物和人骨;古石头城遗址是丝绸之路经过葱岭帕米尔高原的最大驿站，还有保护完好的新石器时代的文化遗址香宝宝古墓群；盛唐建筑公主堡，一直保持完整的、独特的塔吉克民族风情。还可以欣赏到一天多次日出日落的美景，听到塔吉克人优美的"鹰"与"冰山"的传说。每年都有60多个国家和地区的20余万游客慕名前来饱览帕米尔高原的雄奇壮美，领略塔吉克"鹰"与"冰山"文化的神奇魅力。

从文化人类学的眼光看，帕米尔高原上的塔什库尔干自古以来就是人类活动的舞台。在海上通道开辟之前，这里曾经是东方和西方之间交流的必由之路和交通枢纽，古丝绸之路从塔里木盆地向西延伸的南路和北路到帕米尔会合，通向塔什库尔干的古石头城，从那里出发，一直到达遥远的西方。因此，古代塔什库尔干石头城因其特殊的战略位置，在丝绸之路的历史上被描绘成东段的终点和西段的起点。由于这一地区历史上一直是重要的战略隘口，所以东西方的著名探险家都曾亲历此地，在这里留下了他们的足迹和记载。古代希腊文化、波斯文化、印度文化、阿拉伯文化、中原文化等在此交汇，融合，吸收。

第二章
王冠民族的辉煌历史

"塔吉克"一词为"王冠"之意,来自塔吉克族的神话传说。早在公元前2000年—公元前1500年,王冠民族的先民们就已分布在新疆南部地区,分布在葱岭东部地区。帕米尔地区成为"丝绸之路"的必经之路,促进了塔吉克古代社会的发展。

塔吉克族是中华民族大家庭中的一员，也是新疆地区13个世居民族之一。在以文化人类学的基本理论为依据，运用历时和共时研究方法，从一个新的角度对塔吉克族文化进行说明和论述，使广大读者对古老的塔吉克族文化有个初步的了解和认识。

族称族源

族称由来

"塔吉克"是中亚操伊朗语居民的族名。塔吉克族的起源，可以上溯到公元前若干世纪分布在帕米尔高原东部的操东伊朗语的各部落。古代的时候，这种操东伊朗语的部落，就已经分布在

塔吉克族妇女和儿童

▼

我国新疆南部许多地方。对塔吉克族名的来历与含义，学术界有不同看法，但一般认为"塔吉克"是"王冠"之意。据塔吉克民间传说，起先只有塔吉克先祖的国君头戴王冠，王冠是国君在位的标志之一。但是，久而久之，他们的百姓也都戴上了各种颜色的仿制王冠，以示自己是国王的忠诚臣民。因此，民众都自称"塔吉克拉"，意即"戴王冠的人们"。根据这个传说学者们解释说，"塔吉克"来源于"塔吉"（"塔吉"一词在塔吉克语是"王冠"之意），是由原来的"塔吉达尔"（戴冠之人）、"塔吉叶克"（独一无二之冠）等词逐渐变化而来。

◀ 塔吉克族老人

◀ 塔吉克族男子

塔吉克族源，涉及古代生活在西域的东伊朗语的诸部落。两汉时属西域都护管辖。2—3世纪，在塔什库尔干一带出现了揭盘陀国。揭盘陀人是中国塔吉克族的远祖，3—4世纪，他们已发展了灌溉农业，过半农半牧生活。揭盘陀国有12座城堡和10多所寺院，以小乘佛教为国教。唐朝时，属安西都护府管辖。713—741年中，在此设"葱岭守捉"戍所。8世纪，揭盘陀国消亡。9—16世

第二章 王冠民族的辉煌历史 031

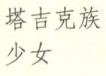

塔吉克族少女 ▶

纪,塔什库尔干地区先后受吐蕃、喀拉汗王朝、西辽、元朝和察合台汗国的管辖。特别是从10世纪开始传入喀拉汗王朝境内的伊斯兰教,对塔吉克人的影响强烈,以致后来成为全民族信仰的宗教。明朝后期,在色勒库尔的中心地带塔吉克族居民继续繁衍并活动。从17世纪后期到19世纪,帕米尔西部和南部的什克南、瓦罕等地的许多塔吉克人迁入色勒库尔,逐渐成为中国的塔吉克族。

综上所述,全世界塔吉克人口约为1 500万人。而据2010年我国第六次全国人口普查,塔吉克族人口数为51 069人,主要从事畜牧业,兼营农业。

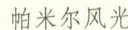

帕米尔风光 ▼

古老的雅利安后裔

雅利安人

从印度和波斯古文献的比较研究中推知，远古在中亚地区曾有一个自称"雅利阿"（arya）的部落集团，主要从事畜牧，擅骑射，有父系氏族组织，崇拜多神。据记载，雅利安人是高加索以及中亚的古代部落，使用印欧语系的语言。在梵语中"arya"（雅利安）是"高贵"或"纯洁"的意思。

学术界一般认为，欧罗巴人的先祖雅利安人公元前2000年中期开始大迁徙。一支迁入伊朗高原，在那儿他们和古代的埃兰人融为一体，形成了后来的波斯人、米提亚人、斯基泰人等等，现在的"伊朗"一词也是由"雅利安"这个名称而来的。一支迁入印度，在印度，他们往南部驱逐达罗毗荼人，创造了吠陀文化和建立了种姓制度，把印度—雅利安语族的语言带到了印度。古代印度的梵语、梵文和梵文化就是雅利安人创造

《罗摩衍那》书影

摩诃婆罗多

可爱的塔吉克族女孩

的。伟大的叙事诗《摩诃婆罗多》和《罗摩衍那》都是用雅利安语梵文写成的。有一支迁入欧洲，还有一支迁入塔里木盆地及其周围地区。这就是活动在塔里木盆地及其周围地区操东伊朗语的古老部族的来历，他们在帕米尔地区，即今天的塔什库尔干地区定居下来并创建了自己古老的文化。

塞种人

在我国塔吉克族的形成过程中，塞人起过决定性的作用。首先，塞人为东伊朗部族，他们的语言属伊朗语族，这方面他们与中国塔吉克人是相同的。有的学者还认为现在的塔什库尔干的色勒库尔语与瓦罕语是现代的活塞话。其次，古帕米尔，即塔什库尔干地区是历史上塞人活动的区域之一，他们在这里留下了不可磨灭的历史印记。例如：1976年和1977年新疆考古研究所在对塔什库尔干塔吉克自治县县城北面的香宝宝墓地进行发掘时，从40座墓中发

塔吉克族男孩

现了有关古代社会的文物，对墓葬中的木头进行了碳14测定，证明墓葬距现在最远的为4800年以前，最近的为2500年以前。墓中出土的人骨具有欧罗巴人种的特征，尤其是其中21座墓的形制、丧葬习俗、随葬物品等都与西帕米尔塞人的墓葬相同。这说明，作为我国塔吉克人直系先民的东伊朗部族从很古老的年代起，就在帕米尔地区居住并进行活动。

粟特人

粟特人是东伊朗人的一支，与我国西域地区的塞人、咸海周围的花剌子模人有很遥远的血缘关系。他们最初生活于阿姆河与锡尔河之间的泽拉夫善河流域，擅长经商，长期活跃在丝绸之路上。其经商活动促进了东西方的经济交往和文化交流，在农耕文明和游牧文明之间，东方文明与西方文明之间，架起了一座桥梁。

粟特人是生活在中亚阿姆河与锡尔河一带操中古东伊朗语的古老民族，从东汉时期直至宋代，往来活跃在丝绸之路上，以长于经商闻名于欧亚大陆。作为丝路贸易集散地和中转站的疏勒，必然格外地吸引粟特人到此活动和定居。直到11世纪，喀什噶尔城郊还有大批的粟特人村落，这在麻赫默德·喀什噶里的《突厥语大辞典》中有明确记载，说这些土著居民操"坎杰克语"。突厥语称西域康居国为"坎杰克"，而"康居"正是粟特人的故乡。由于大批粟特人的加入，原先在外貌上"颇同华夏"的疏勒居民的种族成分有了极大改变。644年唐高僧玄奘抵达此地时，疏勒国大概除了极少数的王族成员外，所有居民那种"手中皆六指"的特征已完全消失，取而代之的不仅是"深目高鼻"（《北史·西域传》），而且还"文身绿睛"（《大唐西域记》），这与西方人记载中描述粟特人"金发碧眼"这一特征大致相吻合。当然，除了粟特人之外，此后还相继来过不少阿拉伯、波斯和中亚其他民族，因为各种原因来此定居并加入疏勒居民的行列，只会使这里的居民在容貌上愈显得"深目高鼻"。对这一时期当地居民的语言文字，玄奘的《大唐西域记》记载："其文字，取则印度，虽有删讹，颇存体势。语言辞调，异于诸国。"并且还提到从疏勒到铁门关（中亚包兹阿勒山口）一带的人，都使用从上往下书写的文字，而且语言也比较接近。说明此时疏勒居民的语言与今新疆的其他地区差别很大，而中亚粟特语的成分却很重，这与《突厥语大辞典》中的记载也很吻合。

操东伊朗语的粟特人是塔吉克人的祖先之一，他们为丝绸之路上的文化生活做出了重要贡献。早期定居的粟特人，生活在以他们民族名称命名的"索格底亚那"地区。亚历山大在向东方进

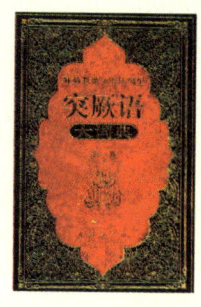

▲
《突厥语大辞典》书影

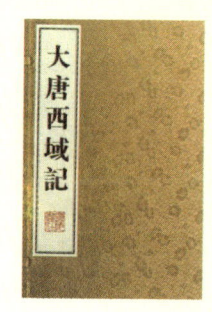

▲
《大唐西域记》书影

第二章　王冠民族的辉煌历史　035

军的过程中，也到达过这里。由于亚历山大的进攻，可能那时就已经导致该地区的一些居民向新疆的绿洲城市迁徙。

吐火罗人

比较语言学、体质人类学乃至分子考古学等诸多学科的研究成果表明，吐火罗人属于印欧人种，为古老的原始印欧人群中的一支。吐火罗人原居地可能在中欧或东欧某地，大约在公元前3世纪上半期，他们从自己的同胞中脱离出来，经过黑海草原和中亚草原，逐渐向东南迁徙、发展到中国西北地区。整个迁徙过程的时间长达1 000多年。

吐火罗人讲的是印欧语中的一种方言，他们原属若干部族。虽然吐火罗人与月氏人之间的关系还不完全清楚，但是根据希腊历史学家的看法，吐火罗人早在公元前就已经定居在阿姆河南部了，那个地区后来被称之为"吐火罗斯坦"。

塔吉克族老妇

太阳神的子孙——汉日天种

644年，我国唐代高僧玄奘从印度取经回国，曾在葱岭（今帕米尔）拜会了朅盘陀国王裴星。国王热情接待了他，并给他讲述了朅盘陀国的历史渊源。他说，听祖辈们讲，在很久以前，有位波力斯（今伊朗）国王，派使臣到"东土"（中国内地）去为他迎娶一位汉族公主为王后。迎亲队伍在返回途中，经过帕米尔时，因波力斯国内发生战乱，无法前进，于是迎（送）亲使臣，便把公主安置在帕米尔东部一座耸入云霄的孤峰山洞里，派重兵把守，确保公主安全。三个月后，波力斯战争平息，迎亲队伍准备西行时，发现高山上的公主有了身孕。这事非同小可，使臣便严刑拷打众侍女，这时公主的贴身侍女禀报，说公主怀孕，并非与凡人私通，而是和天神的奇缘。她说："每天中午，有一个俊美的男子，从太阳上骑马下来，与公主幽会，公主怀孕，正是神种。"后来，双方使臣们都赞同了侍女的提议，推举公主为首领，在山顶筑宫修殿住了下来。后来又拥立公主所生的儿子为国王，取名"至那提婆瞿口旦罗"。玄奘在《大唐西域记》中解释说，这名字是波力斯语（伊朗语系）的葱岭地方话，译成大唐汉语，就是"汉日天种"。之后，当地的塔吉克人都自豪地说，他们是太阳神的子孙！

历史的年代

从人种上来说，塔吉克人具有欧罗巴人种印度地中海类型。从塔吉克人的体貌特征来看，肤色浅淡、发色金黄或黑褐、眼睛碧蓝或灰褐、薄唇、高鼻、颧骨不高突、体毛和胡须较发达，具有典型的欧罗巴人种特征。

考古发现

我国塔吉克族形成的历史可追溯至非常古老的年代。在我国塔吉克人的先祖所生活的塔什库尔干及其周围，从旧石器时代起就有原始人在活动。1983年8月，有关单位在对塔什库尔干塔吉克自治县吉日尕勒文化遗址所进行的科学考察中，发现原始人打制的石器、烧火堆残迹、烧损的骨头。这一旧石器时代的遗址不会晚于

塔吉克族少女

塔吉克族女孩

更新世,至少有一万年。这一旧石器时代文化遗址的发现,证明了这一万年以前塔什库尔干地区就有人类在进行社会活动。

平原塔吉克与高山塔吉克

由于地理环境的不同和语言的差别,使塔吉克人分为平原塔吉克和高山塔吉克。平原塔吉克人数众多,他们生活在塔吉克斯坦和阿富汗;高山塔吉克主要指帕米尔高原和兴都库什山脉中生活的塔吉克。我国的塔吉克族属高山塔吉克，其祖先自古以来就生息繁衍在这块土地上。从16世纪开始，帕米尔西部和南部的什克南、瓦罕等地的一些塔吉克人，因不堪原居住地统治者的残酷压迫，东迁至塔什库尔干、莎车、叶城、泽普、皮山等地。

张骞通西域与"丝绸之路"

两千多年以前，张骞通西域，西汉王朝在西域设置"西域都护"。帕米尔东部的各伊朗语部落与中央王朝确立了行政上的从属关系。在张骞通西域之后，前往大月氏、安息等国的使节和商人不断经过帕米尔地区，帕米尔成为古代"丝绸之路"上东西交通的必经之路，使得塔吉克族和汉族等兄弟民族之间在经济、文化等方面的交流也越来越频繁，促进了塔吉克族古代社会的发展。

张骞雕像

> **知识链接** **张骞出使西域** 建元元年（公元前140），汉武帝欲联合大月氏共击匈奴，张骞应募任使者，经匈奴，西行至大宛，经康居，抵达大月氏，再至大夏。在归途中，张骞改从南道，依傍南山，于元朔三年（公元前126），回汉朝。张骞对开辟从中国通往西域的丝绸之路有卓越贡献，至今举世称道。

揭盘陀国

2—3世纪，生活在帕米尔高原的塔吉克族先民们建立了揭盘陀国。"揭盘陀"一词为东伊朗语，意为山路或山间平地。揭盘陀地处中亚、西亚、印度丝绸之路的孔道关隘，对东西方的经济和文化交流起着桥梁作用。僧人法显、宋云、玄奘等均到过揭盘陀。揭盘陀国继承并发展了汉代葱岭各部同中原地区的密切关系。

揭盘陀国是我国塔吉克族先民建立的

揭盘陀国遗迹——石头城

王国，这一王国在我国塔吉克族历史上留下深远的影响，这一深远的影响表现在以下几个方面：

1. 塔什库尔干及其周围地区开挖渠道，兴修水利，大力发展灌溉农业。

2. 修建驿站及免费提供过往行旅住宿的房舍，以保证丝绸之路的畅通。

3. 修建城堡、城市，巩固封建王国制度。《大唐西域记》一书及其他史料对此有清楚的记述。

4. 揭盘陀国时期，由于社会经济的发展，社会文化也得到相当大的发展。揭盘陀人使用自己的语言文字，信仰佛教，修建了许多寺院庙宇，发展佛教文化。在揭盘陀国国力强盛时期，揭盘陀国国王曾仗恃武力，特地从邻邦"请"来当时号称"四日照世"之一的名僧童受，并为他修建了"台阁高广，佛像威严"的寺院，建立了一个在这一带有相当影响的佛教中心。

5. 揭盘陀国继承并发展了汉代葱岭各部与中原地区的密切关系，即使在中原分裂后形成南北朝期间，也屡次派遣使者，远行万里，同北魏和梁朝进行联系，并贡献土产。到了唐朝，揭盘陀国同中央的关系更加密切。

在我国塔吉克族形成的历史中产生过深远影响的揭盘陀国大约存在500多年，开元年间（713—741），吐蕃势力达到帕米尔一带，揭盘陀国国王归降吐蕃，于是，揭盘陀国便从历史舞台上消失了。唐朝便在塔什库尔干设立了属安西都护府管辖的"葱岭守捉"，将此地作为国家边境上的一处要塞。

揭盘陀国遗迹远眺

宋、元、明时期

宋、元时期，塔什库尔干地区很少被提及，除记载它属于于阗外，再无其他任何文字材料。但是，这个时代却是塔吉克人历史上发生巨变的时代。塔吉克人接受了伊斯兰教。

清朝的管辖与塔吉克族人民的抗击侵略斗争

1759年，清朝政府平定了大小和卓之乱，在新疆实行军府制度，设置了统辖新疆的伊犁将军。当时塔什库尔干的穆喇特阿奇木伯克将所有户口田亩呈报清政府备案。从这时期起，清政府正式将塔什库尔干的塔吉克族聚居区划为叶尔羌的一个庄——色勒库尔回庄。色勒库尔回庄受叶尔羌办事大臣管辖。色勒库尔回庄的建设对于巩固边防，加强塔吉克族与兄弟民族之间的联系，促进塔吉克族地区经济和文化的发展，具有重大的历史意义。

◀ 伊犁将军府

19世纪中期，浩罕汗国侵犯我国塔什库尔干地区。在抗击浩罕汗国入侵的斗争中，塔吉克人民中出现了著名的民族英雄库尔察克。自从库尔察克1830年任色勒库尔依什罕伯克起，至他1836年被浩罕入侵者杀害，他一直带领着塔吉克人民多次击退侵略者的入侵。他顶住了敌人的威逼利诱，为保卫祖国的领土，献出了宝贵的生命。歌颂这位民族英雄的长诗《太洪》至今仍在塔吉克人中传唱。

在阿古柏的侵略和暴虐统治时期，塔吉克人民受到极端的压榨和迫害，很多人不得不远走他乡，逃往瓦罕、布哈拉等地避难。很多居民竟被阿古柏当作罪犯，流放到喀什城北的帕齐牙尔和莎车境内。

1865年，浩罕军官阿古柏入侵新疆，建立了侵略政权哲德沙尔（七城）汗国。阿古柏派爪牙阿山夏"镇抚"色勒库尔，对塔吉克人民进行严密防范和残酷镇压。1877年，清朝政府派左宗棠出兵收复新疆。原色勒库尔回庄阿奇木伯克艾里布利用清军胜利的声势和塔吉克人民驱逐侵略者的要求，杀死阿山夏，收复色勒库尔。清朝政府赏给艾里布蓝翎五品顶戴，管辖19处塔吉克族乡村（原色勒库尔回庄辖地），并兼管色勒尔西北9处柯尔克孜族游牧地。

1884年新疆建省后，色勒库尔作为边防要塞，清政府在此设立了抚辑粮运局（后改为转运抚辑局），负责管理地方等工作，由喀什提督和喀什道台委托清军中的旗官管理局务。到1902年，改由莎车府分设"蒲犁分防通判厅"，委派由内地来的"流官"担任分防通判。1911年辛亥革命后，改为蒲犁县，划归喀什道管辖，蒲犁厅（局）下辖27个庄，每庄由分防通判（后来由县长）委派当地上层分子一人担任"乡约"管理全庄。

1891—1894年，沙俄通过种种卑劣手段，勾结英国，企图瓜分我国帕米尔，并把魔爪伸向塔什库尔干。世代居住在这里的塔吉克族人民为防御俄英帝国主义的继续入侵，发扬爱国主义精神和保卫边疆的光荣传统，应募组成"色勒库尔绥远回队"。

废除"羊契"制度

1904年，蒲犁分防通判为了保持对色勒库尔的管辖，将小同庄居民40多户拨给"阿奇木"伯克，充当"羊契"（农奴）。1925年小同庄的塔吉克族"羊契"联合起来要求废除无偿劳役，恢复自由。各乡的塔吉克族人民起来支持，并反对继续保留"阿奇木"伯克。迫于群众的压力，政府在1926年下令永远禁革"阿奇木"，废除"羊契"制度。

蒲犁革命

1938—1940年，许亮、胡鉴两位中共党员来到塔吉克牧区工

左宗棠

作，分别担任蒲犁县县长和边防大队队长，领导塔吉克族人民开展反帝斗争，发展经济文化，改善人民生活，给这个地区留下深刻的革命影响。1942年，盛世才彻底投靠国民党当局之后，共产党人被迫离开，塔吉克人民又陷入苦难之中。1945年8月22日，塔吉克和柯尔克孜两族人民掀起了蒲犁革命，反对国民党的统治，先后攻克蒲犁、叶城和泽普三县。蒲犁革命有力地配合了三区的革命斗争，沉重打击了国民党在新疆南部的统治，在塔吉克、柯尔克孜等族人民的历史上写下了光辉的一页。1946年6月，三区革命政府履行与国民党政府签订的和谈条款，解散了蒲犁革命军。国民党的军队和官员重新进入蒲犁后，大肆捕杀革命者和无辜人民，被捕、被杀达4 000多人，生产、生活遭到严重破坏。

建立人民政府

中华人民共和国成立之后，1950年3月成立了塔什库尔干县人民政府。1954年实行民族区域自治，成立了塔什库尔干塔吉克自治县，此后隶属喀什专署、南疆行署和现在的喀什地区行政公署。在其余各县塔吉克人聚居之地设立了民族乡，塔吉克人民同我国各民族一道翻身做主，沿着社会主义道路，奔向共同繁荣的康庄大道。

塔什库尔干塔吉克自治县民族文化艺术中心

第三章
庄严的信仰文化

　　鹰是塔吉克族崇拜的动物图腾,在一些传说故事中,鹰总是能够与塔吉克人生死与共,息息相关。危难关头,它总是挺身而出,牺牲自己,为民众创造幸福。在塔吉克族的观念中,鹰也是勇敢、正义、忠贞的象征。

在漫长的历史发展过程中，塔吉克族及其先民曾信仰过多种宗教。塔吉克人的宗教信仰基本上可以分为四个阶段：原始自然现象崇拜阶段、琐罗亚斯德教信仰阶段、佛教信仰阶段和伊斯兰教伊斯玛仪派信仰阶段。

原始自然崇拜

太阳崇拜

　　塔吉克族先民可能崇拜过太阳。帕米尔高原山高谷窄，人们居住在峡谷里，受阳光照射的时间很短，尤其是冬天，每天早晨，太阳从峡谷东边升起，峡谷里遍地金光，但不足半小时，太阳便从这个峡谷的西边落下去，谷地里顿时昏暗。塔什库尔干塔吉克自治县的科库西力克乡有9条几乎平行的峡谷，每天太阳由东而西，从第一条峡谷落下，旋即在第二条峡谷升起；从第二条峡谷落下，旋即从第三条峡谷升起……在这个乡里，由于9座高山所起的分割作用，形成了每天能看见9次日出日落的现象。叶尔羌河流经的一个村庄，由于峡谷深，冬季太阳只能照到半山腰上，住在东岸的人家一个冬天有3个月晒不到太阳，河西的人家每年有27天得不到日照。这种特殊的自然环境，一方面让塔吉克族先民对太阳感到十分神秘；另一方面使他们十分希望日照时间能长些。塔吉克族先民认为，奉太阳为始祖，自己就是太阳的子孙，而太阳也就会像保护子孙一样保护自己，经常出来照耀自己的村庄。在这种观念的驱使下，他们便创造与之有关的始祖衍生神话，并举行与之有关的崇拜仪式。这样便形成了太阳图腾崇拜。

鹰崇拜

　　从古到今，中外史学家、作家、诗人以及画家和音乐家的作品中只要涉及塔吉克族，就会有"鹰的传人""飞翔的帕米尔雄鹰""像鹰一样的民族""鹰文化"等赞誉。事实上，这些美誉是有其历史文化依据和现实基础的。如果从文化学的角度考察塔吉克人和鹰之间的关系，可以发现鹰在塔吉克文化中的重要作用。从某种程度上说，鹰成为塔吉克人的象征和庇护神，是由塔吉克文化的历史和发展过程决定的。鹰极有可能是塔吉克人在远古时代的图腾，至今塔吉克人仍然崇拜鹰，将鹰视为忠诚、善良、勇敢和正义的象征。鹰文化在塔吉克文化中有以下表现形式：

◀ 塔吉克族崇拜——鹰

1. 塔吉克民间文学中有十余篇有关鹰形象的传说故事，在这些传说中，鹰均为正面形象。

2. 鹰的形象在古代东伊朗人部落之一的塞种人的文化中占据着显著的地位，特别是在其雕刻艺术中的禽兽纹饰品中出现的狮身鹰头画面，引起了学者们的注意。

3. 鹰笛是塔吉克人著名的乐器，几千年以来生活在"世界屋脊"的塔吉克人通过鹰笛来抒发自己的感情。关于鹰笛的出现，塔吉克人中有许多传说故事，这些传说有一个共同点，那就是鹰骨被制成鹰笛留给了塔吉克人。从现实情况来看，塔吉克人的鹰笛确实是用鹰骨制成的，它长约20厘米，下部开有3个笛孔，孔径约为1.5厘米，竖着吹奏，音色细而高，很适合吹奏塔吉克乐曲，一般在婚

◀ 塔吉克族乐器——鹰笛

礼、节日、歌舞、叼羊、赛马等喜庆场合演奏。

4. 塔吉克人的传统舞蹈被称为"鹰舞"。因该舞蹈模仿鹰的动作而得此名。鹰舞以各种优美的舞姿表现了塔吉克人渴望像蔚蓝的天空中展翅高飞的雄鹰一样自由生活的美好愿望，反映了他们对大自然的热爱。有关"鹰舞"的传说是与"鹰笛"的传说相继出现的，先有"鹰笛"的传说，可以说有了鹰笛的伴奏，才有了鹰舞。

塔吉克族传统舞蹈——鹰舞

慕士塔格阿塔崇拜

塔吉克人的故乡塔什库尔干地区真可谓是山的世界，这里的山峰以雄奇、高大著称。著名的喜马拉雅山脉、喀喇昆仑山脉、天山山脉和兴都库什山脉均在此交汇并向四处延伸。因此，人们将这里称为"世界屋脊"。在塔什库尔干地区的群山中最负盛名、最受崇敬的要数慕士塔格阿塔峰。

慕士塔格阿塔峰

慕士塔格阿塔峰位于塔什库尔干塔吉克自治县的北部，距县城约60公里，其最高峰海拔7 546米。慕士塔格阿塔峰拥有新疆境内最大的冰川，现已成为著名的旅游景点。据科学检测，慕士塔格冰川水是地球上最优质的饮用水，它与帕米尔矿泉水及帕米尔温泉饮用水并称为"生命之水"。

从地理位置上看，慕士塔格阿塔峰与新疆的其他冰川一道阻挡来自北冰洋和大西洋的水汽，形成降水。此外，它还成为阻挡来自西伯利亚寒流的天然屏障。同时，它还是众多河流湖泊的水源。因此可以说，慕士塔格阿塔峰是新疆南部地区的天然水库。从这个意义上看，它不仅是天山的生命守护神，而且是新疆地区人类生命的庇护者。不仅如此，它还在保持新疆地区的生态平衡、调节气候等方面有着不可替代的作用。

在塔吉克文化中，有许多有关慕士塔格阿塔峰的神话传说，在这些传说故事中慕士塔格阿塔峰被尊为神，称为"阿塔"而加以虔诚地膜拜。值得提出的是，"慕士塔格阿塔"中的"阿塔"一词并非"父亲"之意，而是表示"庇护者""我的主""上天"等意思。塔吉克人将"慕士塔格阿塔峰"视为一个神秘而神圣的地方加以尊崇。

马崇拜

塔吉克族被称为"鹰的民族"的同时，还被称为"马背上的民族"。这也具有客观依据，如果从文化学的角度考证塔吉克人和马之间的关系，可以清楚地看到马在塔吉克传统文化中占有至关重要的地位，甚至于形成了塔吉克文化中的马文化。

1. 马是塔吉克族生活中不可缺少的交通、生产和娱乐工具。

2. 马不仅在塔吉克人的物质生活中占有非常重要的作用，而且在精神生活中也有独特的地位，在塔吉克神话传说中，马总是

> **知识链接** 塔吉克文化中四个非常重要的内容：崇敬之形象——慕士塔格阿塔、英勇献身的形象——鹰、英雄形象——鲁斯塔木、忠实的形象——马。这四大形象形成和发展的历史十分久远，成为塔吉克文化的主要组成部分。从这个意义可以说，这四大形象是塔吉克文化的核心和生命。

马在塔吉克人的生活中起到重要作用

▼

▲

塔吉克族
叼羊比赛

▲

塔吉克族
马球

被描绘为忠诚、雄健的化身，它与慕士塔格阿塔、鹰、鲁斯塔木等形象一道成为塔吉克人文化中的四大象征。

3. 在塔吉克民族传统艺术中，马形象同样具有重要的地位。

4. 马在塔吉克传统体育活动中发挥着核心作用。塔吉克族传统体育项目很多，其中相当一部分与马有关，如在塔吉克族的婚礼、割礼、引水节等节日庆典中都要举行叼羊、赛马、马球、马术表演等活动。

5. 在塔吉克人的观念中马是崇高的象征。塔吉克人在日常交往中，将马视为最贵重的礼物而相互赠送。

盐崇拜

塔吉克人将盐看作是最纯净的物质。举行婚礼时，为了祝愿新郎、新娘终身幸福，要让他们吃下一块蘸了盐水的肉。平时还常以盐发誓。如果在别人家住了一段时间，告别时就要对主人说："永远不会忘记你赐予我的盐，你赐予我的盐将成为我的力量。"诅咒恩将仇报的人时说："你会见到盐的。"意为盐将惩罚你。还将产盐的地方看作是神奇之地。

奶崇拜

塔吉克人认为奶是最为纯净和伟大的，母亲的恩情是奉献了洁白的乳汁，而任何人都是由奶汁喂养大的，洁白的奶出自鲜红的血。塔吉克人忌讳泼洒、踩踏奶汁，也不允许买卖奶汁。

◀ 塔吉克族奶茶

伊斯兰教伊斯玛仪教派的信仰

现在我国塔吉克族普遍信仰伊斯兰教，但他们所信仰的是伊斯兰教两大派（逊尼派与什叶派）中什叶派的重要支派——伊斯玛仪派。这一点上，塔吉克族不但与信仰伊斯兰教的维吾尔、回、哈萨克、柯尔克孜、乌孜别克等民族有所区别，而且与塔吉克斯坦的塔吉克族平原塔吉克也是有所区别的。

塔吉克族信仰伊斯兰教的确切时间不详,总之要早于新疆其他信仰伊斯兰教的少数民族。现在塔吉克族普遍信仰伊斯兰教伊斯玛仪派,这与11世纪伊斯玛仪派著名哲学家和诗人纳赛尔·霍斯罗来帕米尔地区传播伊斯玛仪派教义有直接关系。纳赛尔·霍斯罗在我国塔吉克族中有很高的威望,他的著作被视为圣书。塔吉克人的宗教活动大多在纳赛尔·霍斯罗学说的指导下进行,有与其他教派不同的特点。塔吉克族也像其他穆斯林一样将《古兰经》作为经典圣书,但认为《古兰经》有显义和隐义。其隐义一般人理解不了,只有"伊玛目"(宗教首领)才能理解。塔吉克族在礼拜、宗教税、宗教场所等方面都有其特点。

奇里堂麻扎——"圣裔"之墓

> **知识链接**
>
> **塔吉克人心目中的圣地** 1. 兴干沟神马,2. 阿迦汗足迹,3. 孟买,4. 奇里堂麻扎,5. 巴麻菲利穆加拉提麻扎。
>
> **伊斯玛仪派著名宗教人物** 1. 穆罕默德,2. 阿里,3. 法蒂玛,4. 哈桑,5. 侯赛因,6. 加法尔·萨迪克,7. 伊斯玛仪,8. 曼苏尔·哈拉智,9. 纳赛尔·霍斯拉吾,10. 莫拉维·鲁米,11. 阿迦汗一世,12. 阿迦汗二世,13. 阿迦汗三世,14. 阿迦汗四世,15. 赛义德·毛拉拜赫西,16. 赛义德·阿斯菲·伊玛姆达特,17. 赛义德·阿布杜艾则孜汗,18. 汗沙德尔,19. 赛义德·夏姆汗,20. 沙德尔丁汗。

礼拜

礼拜,本为伊斯兰教"五功"之一。塔吉克人信奉伊斯兰教伊斯玛仪教派,不注重表面的宗教仪式。除"玛艾提哈那"(聚会所)外,不设礼拜寺。在塔吉克族中,每天坚持礼拜者大多为40岁以上的中老年人。礼拜时诵词的基本内容为颂扬穆罕默德、阿里、法蒂玛、哈桑、侯赛因、阿迦汗等49位依禅。礼拜时赞念:"穆罕默德,我念记着您!阿里,我念记着您!阿迦汗,我念记着您!……"共念诵101次,叩头一次,最后再重复赞念5遍。虔诚的信徒念诵时用念珠来记次数,并十分珍视念珠。礼拜时还有"祈求真主赐予今世安宁,来世幸福"等祈祷词。

加玛艾提哈那

伊斯兰教其他派别的宗教活动多在清真寺进行,伊斯玛仪派,特别是该派内的尼扎里派的宗教活动则在"加玛艾提哈那"进行。塔吉克族信奉伊斯玛仪派,故各村落都设有"加玛艾提哈那"。其结构布局与清真寺不大相同,不设供"伊玛目"站立的讲坛。而在西面的墙上设悬挂"伊玛目"画像的龛洞。一些"加玛艾提哈那"还设有女信徒专用的礼拜室。

"加玛艾提哈那"不只是公众做"乃玛兹"的场所,也是过往信徒的住宿之所。一些较大的"加玛艾提哈那"建有多间房舍,为过往信徒提供食宿方便。以前,"加玛艾提哈那"还是青年人识文断字、学习诵读经文之地。

"加玛艾提哈那"的开支源自信徒在节日或礼拜时捐赠的钱物,这些捐赠数目不定,由信徒在方便之时自愿捐赠。

"加玛艾提哈那"举行宗教活动时,非本派信徒不许入内。非本派的穷人、残疾人、孤苦伶仃之人或旅途之人来此,由"加玛艾提哈那"的管理人员给予接待。

伊斯玛仪派的宗教税

旧时,伊斯玛仪派的宗教税有两种:其一,"赛尔卡力";其二,"代尔维泽"。

"赛尔卡力"为塔吉克语,意思是"大事的费用"或"事情开端之费用"。交纳"赛尔卡力"是每个信徒神圣的职责之一。一般来说,每个信徒须交纳年收入的十分之一。但这也不是绝对的,每家可根据自己家庭的人数及经济情况交纳,有的家庭多一些,有的家庭少一些。但总的来说,每个信徒都要根据自己的经济能力,为真主之道交纳一定的税额。各地的"赛义德"和"霍加"为收取"赛尔卡力"去各家,诵经祈祷,收纳此种宗教税,而后

> **知识链接**
>
> **赛义德** 伊斯兰教教职称谓。阿拉伯语音译,原意为"首领""先生",转义为"圣裔"。
>
> **霍加** 伊斯玛仪派教职称谓。阿拉伯语音译,原意为"老师",转义为"宣传领袖"。

如数交给"伊玛目"。"赛尔卡力"主要作为宗教费用,一部分用于学校、医院、"加玛艾提哈那",还有一部分则用于慈善事业。

"代尔维泽"也是一种宗教税,但其性质与"赛尔卡力"有所区别。"赛尔卡力"属于上层宗教税,它是交给"伊麻目"的。"代尔维泽"则是地方宗教税,各地的"赛义德""霍加"收纳之后,一部分用于地方宗教事务,另一部分则自己使用。由于这两种宗教税的性质有很大不同,当"赛义德"和"霍加"去每家收税时,都要问明白所交纳的到底是哪种税,若不这样,就可能搞混。"赛尔卡力"要如数转交给"伊玛目",如若有贪污情况发生,将会受到"伊玛目"的惩罚。因此,"赛义德"和"霍加"对于这两种宗教税的区别非常精心。

> **知识链接** **"哈吉"** 伊斯兰教中参加过朝觐教徒的荣誉称号。"哈吉"为阿拉伯语音译,意为"朝觐者"。伊斯兰教认为,凡去麦加朝觐过的人,便可获得"哈吉"的称号。伊斯玛仪派认为,有两种人可获得"哈吉"的称号,一是去麦加朝觐过的人;二是朝拜过活着的"伊玛目",谒见过他,并从他那里得到圣肯的人也能成为"哈吉"。近代以来伊斯玛仪派的"阿迦汗"(即伊玛目)住在印度孟买,因此,凡是去孟买拜见过"阿迦汗"的人,在信徒中就有很高的威信,被认为是最幸福的人,也被称作"哈吉"。

神圣的"麻扎"朝拜

"麻扎"一词的由来

"麻扎"一词本是阿拉伯语词汇,意为"圣徒墓""伟人们的墓地""贤哲们的冢"等。从《维吾尔语详解词典》的解释可得知,"麻扎"是波斯语借词,其含义是:埋葬死者的墓地、坟头、坟冢等。

塔吉克语中的"麻扎"一词具有更复杂的意义和内容。塔吉克族的"麻扎"和"麻扎"朝拜等事宜与阿拉伯人不同,与维吾尔

塔 吉 克 族
"麻扎"朝拜 ▶

族也有一定的差别。一般情况下，下列这些地方被称为"麻扎"。

第一，在传播伊斯兰教过程中贡献巨大的毛拉们（宗教人士）、圣贤们的墓地被称为"麻扎"。

第二，塔吉克人将本民族历史上的一些英雄、勇士的埋葬之地视为"麻扎"，最典型的是"库尔察克麻扎"。

第三，塔吉克族还将一些本民族历史上有名望之人的坟墓、陵墓叫作"麻扎"。最典型的有塔什库尔干提孜那甫乡曲西曼村的"阿勒齐麻扎"。"阿勒齐"在塔吉克语中意为"第三"。

第四，比较特殊的一种情况就是，即使不是埋葬圣贤、英雄们的坟墓，但有某种"神圣的物体"，这种地方也被视为"麻扎"而受到朝拜。

塔什库尔干地区的"麻扎"

如果问塔什库尔干什么多？答案绝对是"麻扎"。塔什库尔干塔吉克自治县初步被定为重点保护的文化遗产有111处之多，其中的1处（古代石头城）是国家级重点保护文化遗产，4处（吉日尕勒旧石器文化遗址、香宝宝古墓群、公主堡、石头城）是自治区重点保护文化遗产，其他的106处是县重点保护的文化遗产。在这111处文化遗址中古代的"麻扎"就很多。而关于这些麻扎的历史背景，也流传着许多神话故事、民间故事、成语谚语等。诚然，这些"麻扎"文化遗产及相关的传说早已成为了塔吉

吉日尕勒旧石器文化遗址

克文化重要的组成部分，这其中蕴含了塔吉克族在自然、社会以及人生方面的哲理与宗教信仰。因此，研究、保护这些"麻扎"文化自然就显得非常有必要。

◀ 塔力"麻扎"

我们曾在提孜那甫乡专门进行过一次调查，结果显示仅仅在这一个乡就有十几个古老的"麻扎"，最有趣的就是在提孜那甫乡的四个角上就分别有四个"麻扎"。

塔什库尔干塔吉克自治县"麻扎"一览表	
坦基山谷的塔力"麻扎"（有一棵独柳）	提孜那甫村布站地的赛吾孜普西特"麻扎"
提孜那甫乡曲西曼村的奇里堂"麻扎"	提孜那甫村兴干山谷的度里都里"麻扎"（白石马"麻扎"）
萨乌里"麻扎"	塔什库尔干县达布达尔乡的图古曼苏（水磨）"麻扎"
守西大阪（沙漠大阪）口子上的斯排迪希图"麻扎"（白骆驼"麻扎"）	塔什库尔干乡库孜洪村的达吾提·苏曼"麻扎"
库尔察克"麻扎"	塔什库尔干县牧林场的巴扎代西提"麻扎"
曲西曼达斯提罕石头"麻扎"	瓦恰乡栏杆昂给"麻扎"
提孜那甫乡蓝盖力村的夏赫塔力夫王"麻扎"	拉斯克木村的玉热克克亚"麻扎"
提孜那甫村旧城附近的奇里堂"麻扎"	班迪尔大阪有阿伽汗足迹"麻扎"
提孜那甫村的巴依克图"麻扎"	

"麻扎"之多，以至于塔什库尔干县许多地方也以"麻扎"称呼。如：塔什库尔干县种羊场因其传统的地理名称而被称作"麻扎"，叫作"麻扎"种羊场，提孜那甫乡兴干山谷口子上的大戈壁也被叫作"麻扎戈壁"。

关于塔什库尔干的艾米尔比尼·艾米扎"麻扎"、白都吾孜·扎曼"麻扎"、赛依提·艾山"麻扎"、乌买尔·麦依迪"麻扎"，在塔吉克民族中都流传着各种各样的传说故事。据说，艾米尔比尼·艾米扎和白都吾孜·扎曼本来是穆圣的叔叔沙伊夫·库让的儿子，他们跟随赛依提·艾山和乌买尔·麦依迪来到塔什库尔干和一些周边地区传教，却不幸在圣战中牺牲。他们的遗体分别被葬在现在的麻扎种羊场、库孜洪村、瓦尔西地村和兴地村。因此在这些地方就有了以这些圣贤们的名字所命名的"麻扎"，而有关于这些"麻扎"的故事也被流传了下来。

塔吉克族的"麻扎"朝拜

我国的塔吉克族普遍都是伊斯兰教什叶派伊斯玛仪派的信奉者，朝拜"麻扎"就是伊斯玛仪派一项重要的宗教仪式，虔诚的伊斯玛仪教徒们为了纪念自己教派中的显赫人物，修建了神圣的"参观麻扎"，使它们变成了人们定期或不定期朝拜的地方。

总的来看，塔吉克族的"麻扎"朝拜有四种形式：

其一，位于塔什库尔干泽拉甫香河（意为金子的河流）河畔的大同乡的"巴麻菲利外力麻扎"和"巴麻菲利穆加拉提麻扎"中的旗帜被视为圣物，故这里每年秋天都有"游旗"活动，即举着旗帜走街串巷，走到哪里，哪里的人们便对旗帜顶礼膜拜，还会献上一些祭物，这称为"本地朝拜"。举旗游乡的人被称为"旗手"。

其二，如果家里有人患重病或遇到了意外灾难，家里人就会宰杀牲畜，去附近的"麻扎"祈求神灵护佑，以求禳灾。假如是遇到了自然灾害，村里的人们就会来到"麻扎"念经祈祷、施舍钱财。这种朝拜没有时间限制，还被称为"过乃孜尔"。

其三，人们出门在外经过一些"麻扎"时，都会下马朝拜，还会施舍一些财物。因为路边的"麻扎"多，行人也很多，所以这种朝拜非常普遍。如果是乘坐汽车的人们，则会在"麻扎"前停车下来念经祈祷、施舍财物，方能继续行驶。

其四，在塔吉克族中有一个在春季举办的"祖吾尔节"（意为引水的节日），因为这也是为春耕做的一种准备，因此从性质上讲也可以称为生产节日。在节日这一天，塔吉克人在米热巴（在塔吉克语中为水艾米尔或水苏丹）的带领下骑马来到水的源头参加凿冰、修建水渠、疏通水渠的劳动，当水被引入水渠后，人们又聚集到"赛吾孜普希特麻扎"，先诵经进行朝拜，然后摆开餐桌开始互相品尝带来的炭火烧烤的馕。而负责看管"麻扎"的人家则会宰杀牲畜款待人们。引水节时朝拜"麻扎"的主要意思就是，使人们聚集在一起诵经朝拜，共同祈求这一年能够风调雨顺、五谷丰登，这一天整个村子都会沉浸在节日的气氛中。

"麻扎"中的象征和形象艺术

  塔吉克族地区"麻扎"里的坟冢一般有三种样式，正常死亡者的坟墓没有什么特别之处，是用普通的泥土砌起的，叫作普通坟墓。另一种是早逝的年轻人的坟墓，一般被砌成四方形，先上一层普通的泥，再涂一层白色，坟头做成马鞍形状并涂成红色。这种被称为马鞍形状的墓。因为在塔吉克族看来"马是人类忠实的伙伴和朋友"，"马是男人的翅膀"。第三种情况就是，一些声名显赫的人士、圣贤、伟人们去世后，人们为了纪念他们就修建华丽的陵墓和拱拜，并在陵墓和拱拜的内墙上绘制一些能够反映死者生前的活动、兴趣爱好等象征壁画，如飞翔的天马、奔跑的羚羊、射手的猎狗、狩猎的弓箭、牛羊、器皿、花草、各种动物的角以及各类服饰等，这些壁画的周围还绘有各种精美的纹饰。色彩丰富的壁画和精美的纹饰使本来阴沉的陵墓、拱拜更增添了几分神秘色彩。但是，唯一的条件就是严禁绘制人的形象。这种现象在新疆其他穆斯林民族的"麻扎"中没有出现，因此，对于研究塔吉克的民族艺术和审美观是非常珍贵的资料。

◀ 塔吉克族地区"麻扎"

关于塔吉克族的"麻扎"朝拜还有许多的礼节、忌讳、阐释、劝诫、警言、谚语和奇异的传说等,限于篇幅,不再赘述。

禁忌习俗

1. 节日或丧葬"乃玛孜"不允许妇女参加,这类"乃玛孜"只有男子有权参加。这是封建思想和伊斯兰教的"男尊女卑"观念在塔吉克人生活中的反映。

2. 妇女的头发不允许散乱,因为这是乞求灾难或死亡的表现。塔吉克人只有在亲人去世那天,死者的女亲属才将头发弄乱。塔吉克传说中讲道:古时,黑暗之神的鬼、怪、魔鬼等总是披散着头发,他们就是以这副可怕的模样去恐吓人们。这是拜火教在塔吉克人生活中的反映。

3. 不能头冲西方躺卧,因为死者是头朝西方埋葬的,这是伊斯兰教对塔吉克人生活的影响。

4. 塔吉克人一般不允许站着大小便,认为,若是站着大小便,那将与牲畜没有什么区别了。

5. 塔吉克人认为不能将盐踩在脚下,不能在盐上大小便,因为盐是一种最纯净的物质。谁若将盐踩在脚下,或在盐上大小便,他的眼睛将会永远瞎掉。这是塔吉克人一种古老的观念。

6. 星期三任何人不能借给他人或向人借盐或奶,星期三不能将盐和奶从家里拿到外面去,据说,星期三是创世日。

7. 星期五不能洗头,因为这一天是死者去阴间的最好日子,一般在这一天给死者洗头、洗尸并送葬,所以一般人不在这一天洗澡。

8. 当父母在世时,绝不允许儿女们分家。因为儿女们最重要的职责就是侍奉双亲,将双亲高高兴兴地送往另一世界。谁若没有尽到这一职责,提前分家,将会受到整个社会的谴责,将会被永远视为不孝之子。因此,父母在世时,所有的子女连同他们的孩子都同父母共同生活在一个大家庭里,塔吉克人对此看得很重要。在塔吉克民族中,一般没有老人受虐待、无人照顾的现象。

此外,儿女们绝对听父母的话、按父母的指意办事等。

9. 绝对不允许赤脚踏上锅台。据说，赤脚踏上锅台，八珍浇味也会害臊。另外，认为这样做是放肆的表现。

10. 决不允许站着吃饭，也不允许一边走一边吃东西。这样做被认为是不规矩的行为，是对所吃的食物（包括盐）大不敬。

11. 绝对忌食猪肉，因为安拉不允许穆斯林食用猪肉。

12. 忌食马肉，忌喝马奶，因为马除了它的力气，其余的一切都是不洁的，这是伊斯玛仪派的规矩。

13. 占用寡妇、孤儿的费用被认为是最大的罪恶，谁若犯有这种罪恶，将在阴间受到严厉的惩罚。

14. 没有用刀子宰杀的任何禽兽都被认为是不洁的，禁止食用。这种肉一般只用来喂狗。

15. 若两家的孩子同吃了一位奶妈的奶，这两个孩子就被认为是同胞兄弟或姊妹，就被认为有了血缘关系。这种同奶兄妹是不能通婚的。

16. 塔吉克是一个定居的民族，所以每一个家族都有自己固定的墓地。一个家族的墓地是不允许其他家族的死者入葬的。塔吉克人认为，死者若被葬入别家的墓地，这块土地不会接受他，他在阴世将成为一个流浪者或乞丐。

17. 一个人不能同时信仰两种宗教，甚至也不能同时追随同一宗教中的两种派别，若是这样，不仅会被认为是不信仰真主，而且会被认为是诈骗。

第四章
独特而有趣的礼法与教义

塔吉克族热情好客,讲究礼节。男子相见,互相握手或互吻手背。妇女相见,长辈吻晚辈的眼或前额,晚辈吻长辈的手心,平辈互吻面颊和嘴唇。男女同辈相见,女方吻男方的手心或握手。子女与父母相见,要吻父母手心,以示敬重。家庭中最热情的礼节是拥抱。

开嘴仪式

塔吉克族在孩子出生后，有许多有趣的习俗，每种习俗都有一定的讲究。婴儿生下后，如果是男孩，全家人要隆重庆祝，并要由老人在家里朝天窗鸣枪，以示庆贺，希望孩子长大后像男子汉那样勇敢坚强，并祝福他幸福成长。如果是女孩，放扫帚，以示庆贺，希望女孩长大后成为一位勇敢的劳动者。

孩子生下后，无论男女，第一天都不得喂奶，在喂奶之前，要举行一种"瓦合陶吾达得"的仪式，也称"开嘴仪式"。这种仪式一般在第二天举行，如果是清晨生的，在晚上星星出来后也可举行"开嘴仪式"。主持仪式的人是家庭中的长者，他要用鹰或鸽子的羽毛，在专门木制的喂奶器里，蘸上开水或是牛奶，在开水或牛奶里要放一点冰糖、鹰胆，意思是希望孩子长大英勇过人和时来运转。羽毛蘸满水和牛奶后，要在婴儿嘴上来回涂抹几次。这样的仪式结束，母亲就可以给孩子喂奶了。

取名习俗

塔吉克人为婴儿取名，要举行一些仪式，首先要将宗教人士或长者请来，商量如何为孩子取名。1. 由父母商量，从所能想到的名字中选一合适的。2. 为了纪念故去的亲人，以他们的名字命名。3. 以塔吉克人先祖的名字或历史人物，有意义的时间和事物以及事件产生的地点、时间为名。4. 以帕米尔地区有名的地名、山名、植物名、河流名为名。5. 从伊斯兰教宗教典籍中挑选。6. 以出生时间、地点或在出生时所发生的事件为名。

当孩子的名字商定好之后，宗教人士就将婴孩抱在怀里，对其耳大呼其名，之后祈祷，然后用一匙子在孩子嘴唇上碰一碰，最后，主人招待众位宾客。

亲属称谓

亲属称谓语是指互相有直接或间接的血缘、婚姻、法律等关系的亲戚和亲属名称。亲属称谓语有面称和背称。塔吉克族亲属称谓语还没有人进行过研究。总的来说，塔吉克族亲属称谓大致如下：

ato	父亲	ano	母亲
puts	儿子	radzen	女儿
qur	丈夫	gcin	妻子
bob	祖父、外祖父	mom	祖母、外祖母
dud	伯父、舅父、叔叔	vits	姨、婶
vrud	兄弟、哥哥、弟弟	yah	姐姐、妹妹
nabus	孙子、孙女	nabiro	曾孙
qabiro	玄孙	patix	堂、表兄弟或姐妹
padar	义父、干爹、继父	padarhon	婚礼之父
modar	母、婚礼之母	khudo	亲家、男亲家
khudawondz	女亲家	hasur	岳父
hek	岳母	haserdz	妻弟、姐夫
hayun	嫂	dumud	女婿
zinal	儿媳妇	orj	乳母、奶妈

子女教育

传统的塔吉克家庭非常注重对子女的教育，一般为子由父教，女由母教。教子的内容为：忠厚老实、尊敬长辈、勤劳俭

塔吉克族
母女

朴,学好农牧业生产本领,学习文化,不调戏妇女;教女的内容为:学会挤奶、照料幼畜、会做家务、缝纫刺绣,出嫁后尊敬公婆、尊重丈夫、遇见陌生男人不抬头、不和男人开玩笑等。

遗产继承

遗产继承也是塔吉克族社会民俗之一。儿子享有继承权，女儿通常无继承权。父亲的遗产一般由诸子均分，无子者由生活在同一大家庭中的兄弟或侄子继承。大概有这样几种情况：1. 父亲的遗产全部由诸子继承，长子有遗产支配权，母亲和未出嫁诸女的生活由遗产继承者负责。2. 兄弟虽多，但已分家另过的情况下，某家的丈夫死后，如无子嗣，而妻子又不改嫁，遗产由妻子继承。3. 父母都去世，无子，女儿可继承遗产，但一般要有入赘的女婿后才能继承。如女儿年幼未到结婚年龄，可携带遗产到近亲家中去生活。4. 已出嫁的女儿无权享受遗产分配，如死者无任何遗产继承人，其遗产一般归宗教界处理。

割礼和剪发礼

男孩的割礼与女孩的剪发礼是塔吉克人比较重视的习俗。男孩割礼一般在6—7岁时举行，请宗教人士执行，家长宴请亲友，以示庆祝。女孩一般在1—2岁时举行剪发仪式，此后女孩即开始梳发辫，亲友带来礼物，表示祝贺。

见面礼

塔吉克族的见面礼别具一格，饶有风趣。男子平辈相见时互相握手，然后俯身互吻握着的手背，或互相拥抱；不同辈之间长辈吻幼辈之额，幼辈吻长辈手心。女子相见时，

◀ 见面礼

长辈吻幼辈的眼睛或前额，幼辈吻长辈的手心；平辈互吻面颊，近亲之间则吻唇。男女相见，一般行握手礼；如男子是亲近的年老长辈，则女子吻其手心。近亲久别重逢时有许多问候语并互相拥抱。

◀ 平辈男子相见时的见面礼

吻手礼

吻手礼是塔吉克族相见礼仪之一。两人相见时握手，然后俯身互吻握着的手背。孩子们每天早上要对父母行吻手礼。男女互相见面时，女的要吻男的手心，男的则要轻轻地按一下女的头部，以示敬意。

待客礼

如有远方贵宾来临，须宰羊招待，若无羊也得以最好的饮食款待客人。宰羊待客时，主人先将羊牵至客前，请客人过目，客人表示满意，即行屠宰。进餐时，主人首先向最尊贵的客人呈上羊头，客人割下一块肉，再把羊头双手送还主人，主人接着将一

▸ 塔吉克族待客礼

块夹有羊尾巴油的羊肝请客人吃,然后主人请一位客人分肉,客人往往互相推让,或请主人分肉。食毕,大家按伊斯兰教的传统做祈祷,主人收拾残存,取走饭单,大家方能起身,如未收饭单客人起身,将被认为不尊重主人。

孝敬父母

塔吉克族素有孝敬父母、尊重老人的优良传统。他们认为，儿女们最大的职责是侍奉双亲，养老送终。父母在世时，绝不允许儿女们分家，即使儿女早已结婚生子也是如此。因为这是他们传统道德规范和伦理的要求。如果儿女提出要分家单独生活，将被视为不孝，必将受到社会舆论的谴责。因此，在塔吉克人中，一般没有老人受到虐待和无人照顾的现象。尽管世界上绝大多数民族都有孝敬父母、尊重老人的传统道德规范和伦理要求，但塔吉克人在这方面还是有其突出之处。

尊重长辈▶

尊重妇女的习俗

塔吉克族有尊重妇女的优良传统。如果一群人一起到某人家去做客，或者参加婚礼、葬礼、拜年等，主人将来客中年龄最大的妇女视为最尊贵的宾客，进门得请她先进，其他人则以先女后男、年龄大小的秩序进入。在塔吉克人室内炕上，右边为上席，左边为下席。客人进屋上炕后，女宾坐右边，男宾坐左边，女宾中年龄最长者坐右边首席,如果为客人们宰了羊,上肉时,主人将把他们认为最鲜美的羊头和羊尾装在盘里,先放在年龄最长的女宾面前。见面时,幼辈男女都要吻女长辈的手心。

另外,塔吉克人的"加玛艾提哈那"中设有女信徒的礼拜室,而其他民族穆斯林的清真寺一般是不允许女性入内的。这也反映了塔吉克族文化中尊重妇女这一优良传统。

撒面粉,以示祝福

在塔吉克人的眼里,面粉是幸福的象征。在以下几种情况,塔吉克族人撒面粉表示祝福:

1. 塔吉克族的传统节日——"肖公巴哈尔"(迎春节)前夕,家家户户将所有用具搬到室外,彻底清扫住房,然后用面粉在室内墙壁上整齐地画数行Y形图案,各家所画图案的形态大同小异。据说,这是迎接新春,迎接幸福的象征,所以,家家都画。村中

塔吉克族
撒面粉礼

男女老幼互相拜节的时候，每到一家，这家主妇即在来客肩上撒一点面粉，以祝吉祥。面粉在这种场合被认为是幸福的象征。

2. 结婚的头一天，男女双方各在自己家里准备菜肴。亲戚前来贺喜，他们带来的礼品一般是4~6个馕，在馕上放衣服、生活用品或首饰，最亲近的亲戚则送羊。母亲或长嫂在礼品上撒面粉，以祝吉祥。新郎到女家门口，女方隆重欢迎。由新娘的两位女伴敬上加酥油的牛奶，新郎在马上饮毕，下马。女方的长者给新郎和证婚人等肩上撒面粉表示祝贺。举行结婚仪式时，新郎、新娘互换系有红白绸布条的戒指，接着女方家人向来客肩上撒少许面粉，表示祝贺。

在比较民族学研究中，值得研究的是塔吉克人用抛撒面粉互祝吉祥的风俗，跟古希腊诗人荷马的伟大史诗《伊利亚特》中所描写的希腊人的风俗如出一辙，古希腊人也是用抛撒面粉来互祝吉祥的。

> **知识链接** 荷马 古希腊盲诗人，生活于约公元前9世纪—公元前8世纪。相传记述公元前12世纪—公元前11世纪特洛伊战争，以及有关海上冒险故事的古希腊长篇叙事史诗代表作《伊利亚特》和《奥德赛》，即是他根据民间流传的短歌综合编写而成。他的杰作《荷马史诗》，在很长时间里影响了西方的宗教、文化和伦理观。

肃穆而隆重的悼唁仪式

塔吉克族的葬礼，在正常情况下，死者在断气前会留下遗嘱，这时死者亲戚围坐在他身边，流着眼泪，静听他的遗言。快断气时，宗教人士或年长者为将要去世的人念经祈祷，然后，替他合上双眼，用白布将下颚吊起。据说，年轻人、小孩子、负债者的眼睛是很难合上的。

"台霍尔达特"

人死之后，马上派人去各处报丧，并且将屋子收拾干净，由几位亲属将尸体停放在一块大木板上为死者洗净身体。死者若是男性，剃净须发，洗净全身；若是女性，洗净头发，编好辫子置于胸前。塔吉克人将这种习俗称为"台霍尔达特"。这样做，是

▲

塔吉克族墓葬

为了让死者能干净整洁地去永恒的世界。净身时如有外人参加，须送死者的好衣物给他。净身后，使死者头朝西躺卧，用一张叫作"凯先干"带有刺绣的盖尸布将其覆盖。死者头前和脚下各点一盏灯，尸体最少得停放一夜。

为死者净身后，丧家男性亲属一字排开坐在地上哭丧；女性亲属则身穿蓝色衣裙，头戴蓝头巾，坐在炕上哭丧。吊唁者自外鱼贯而入并表示安慰；妇女则握住丧家女性亲属的手哭泣。

服丧期限

死者若为老人，服丧期为1年左右；若是小孩夭折，服丧期要长达3年。服丧期间，不允许穿红色或色彩艳丽的衣服，年轻妇女不能戴项链、戒指、耳环等饰物。死者家里一周内不能洗衣物，男子两周内不理发。出殡3天内家中一切都被视作是不洁的，因此不能动烟火，饮食都由亲邻供给。入葬后，要进行大扫除。送葬人将手脸洗净之后方可进屋，经过宗教人士的长时间诵经后，丧家的饮食才算是洁净的。丧家1—2年内不举行婚礼和其他任何喜庆活动，甚至不经丧家同意，村内也不能举行婚礼和其他喜庆活动。半年之内，除星期三和星期五之外，每天天亮前，死者的家人都要去墓前哭泣，白天要在墓前供上各种食物。远方的亲人也纷纷前来祭奠死者。塔吉克人一年一度的"肖公巴哈尔节"，家家户户都要里里外外大扫除，但丧家却不过节，原因是怕灰尘撒落在死者身上。一般来说，丧家家人一年内不大声说笑，一年内常能听到丧家传出的哭泣之声。

塔吉克人办丧事不分亲疏远近、男女老少，凡是同村的人全部要邀请，但不发丧帖，而是派人逐户报丧。丧家根据将要来参加吊唁的人数做准备，如丧饭、柴草、住宿、被褥、饲草等都要做充分的准备。对每一户人家来说，不论在何种情况下，备办丧事都是一件很重大的事，因为丧事的时间难以预料，若是准备不及，那将很难堪。所以，塔吉克人平时就备着办丧事所要用的牛羊。

吊唁仪式

塔吉克人的吊唁仪式肃穆而隆重，前来吊唁的人很多，这一天村里的一切活动都要停止，包括劳动、工作、家务。入葬的那天，吊唁仪式在丧者家中举行。举行葬礼前，先要缝殓衣，殓衣分男式与女式，缝制殓衣的线须从殓发上抽取。丧礼由宗教人士"赛义德"或"海里派"主持。男人聚在一处做"乃玛孜"，妇女们则静坐在一旁。做"乃玛孜"时不允许哭泣。死者入葬后，宗教人士还要再次祈祷，众人依次亲吻死者家属的手并劝慰道："这是真主的旨意，切莫太难过。"之后人们洗手进屋，祈祷之后吃丧饭，一般宰杀牦牛或黄牛。按规矩死者亲属不可食用。丧饭在塔吉克语中称作"派提法尔"。

出殡除去宗教上的规矩之外，还有其他习俗。如死尸从屋里抬出时，要将屋子的天窗关好，并在炉灶里燃起烟火，若是家中有孕妇便让孕妇手托死者殓衣，从殓衣上抽出一根线束缠绕在指头上，为的是日后生产平安顺利。如若死者是未婚女子，其尸身要精心修饰，让她与屋里的顶梁柱成亲，然后方可抬出。

墓葬形式

由于塔吉克人很早便转入定居生活，所以每个家族都有自己固定的墓地，人不论死于何处，都要葬在自家的墓地中。据说，若葬于异地他乡，那里的土地是不会接纳他的，死者的灵魂也不得安宁，这对于死者的亲属将是莫大的耻辱。

塔吉克人造墓亦有其特点。从时间上看，星期三不能入葬，因为这一天是"创世日"；星期五入葬的死者被认为是最幸福的，因为这一天入葬的人能见到真主。

造墓时，由一人率先破土，丧家要准备礼物，根据死者性别，男送匕首，女送剪刀。一旦破土，无论在挖掘中出现何种困难，都不许易地。据说人来自土壤，当返回土壤时，他只能返回属于他的那一处。

马鞍形泥饰物墓

墓穴为长方形垂直穴，用石头砌得很平整，穴深为男子齐腰、女子齐肩，因为女子在阳世地位就比男子低，在阴世亦当如此。

塔吉克族墓葬，以其地表建筑的不同，有以下几种类型：

第一种，有马鞍形泥饰物的墓。安葬死者一周之后，在墓葬地表修一长方形墓台，墓台高半米，分两层。在墓台上层南端，也就是上层通长的三分之二处，垒一半米高的泥三脚架，架顶塑一个马鞍形泥饰物。并且在上面涂当地产的一种涂料，似自然石膏。有灰色和白色两种。死者年轻的，涂白色，年长者则为灰色。在阳光的照耀下，上有涂料的泥饰物，闪闪发光，别具特

平顶形
拱拜
▼

色，其气氛异于一般坟场的凄凉与荒芜。

第二种，墓葬的地表上，用土坯修建拱拜。拱拜有穹隆顶和平顶两种。一个拱拜里边，有一至三座墓葬不等，墓葬封土上也修有如同前述的马鞍形泥饰物。拱拜呈长方形。有的拱拜的四壁上，绘有图案。这类建有拱拜的墓葬数量不多，在一大片墓地中，只有一两处建有拱拜，有的墓地则一处也没有。

> **知识链接** **灯祭** 在塔吉克族丧葬中，"苏拉吾派迪德"（直译为"燃灯"）这一仪式占有重要位置，从其内容与形式来看，这一仪式具有强烈的宗教色彩和神话色彩。
>
> 灯祭在入葬的那天晚上举行，据说这是正式送死者上路去阴世的仪式。灯祭由"海里派"主持，丧家将一只肥羊拴在炕边，准备在"海里派"祈祷之后宰杀。这只羊必须是绵羊，山羊往往被看作是精怪，而绵羊则温顺老实。将羊宰杀后，用棉花和羊油制成灯捻点燃，据说这样就可为死者照亮去阴世的道路。按规矩，由一位被称作"霍迪姆"的人将肉做熟。羊肉要全部下锅，不能剩下一星半点，羊血、羊骨及内脏要埋于洁净之处。羊肉中尚须加些麦子，这在塔吉克语里称作"布吉"。由"海里派"诵念《灯经之书》或《灯经》。之后，"霍迪姆"将羊肉从锅内取出请大家享用，众人边吃边追忆死者生平事迹。死者亲属，如父母和孩子、夫妻、兄弟姐妹等忌食此肉。灯祭完毕，丧家将羊皮和少许羊肉送与海里派，再给他披一长袍，作为酬谢。

"除孝日"仪式

若家中有人去世，男子几周中不理发剃须，女子不洗头发，不更换衣装。当服孝期快满时，村民们在尊长的主持下共同议定一"除孝日"，并提前告知丧家。除孝日这天，每家主妇都带上单数的馕（3~5个）和一块布料，男人则带上自己的剃刀和磨石，一同去丧家。众人聚齐后，主人铺好餐巾，为来宾倒茶。茶毕，女宾将带来的东西放在托盘内双手捧送给主人，主人致谢。来宾中的长者从炕上下来，安慰他们："要顺从真主的旨意，现在你们须高兴起来才是。"接着，丧家牵进一只羊来，祈祷后宰杀。肉熟之前，来宾们为服孝的男子剃须理发，为服孝的女子更换衣装。主人端出肉来待客。饭后，主人千恩万谢地为来宾们送行,至此除孝方告结束。

按照塔吉克人的习俗,除"皮里克节"(灯节)和"库尔班节"要上坟外,还要做4种"乃孜尔",即三日祭、七日祭、四十日祭和周年祭。这几种"乃孜尔"大同小异,参加者的人数、舍饭、诵经基本相同,均诵读《古兰经》。

敬烟或敬"纳斯"习俗

通过敬烟或敬"纳斯"表示吊唁之意,是塔吉克族的习俗之一。他们认为烟苦丧事亦苦,用敬烟的方式安慰死者的亲属,可谓"以苦抑苦"。当一个人哭丧时,其他人上前敬一点烟或"纳斯",让他莫太难过。哭丧者接过烟或"纳斯",即不再痛哭。另外,若与某位死者的亲属偶遇,也要敬烟,双方都能心领神会。某人从远方捎根烟给丧家,即表示不能前去吊唁,务请原谅,也表示对死者的悼念。因此,在塔吉克语中,也把前往丧家悼念称作敬烟。

> **知识链接**
>
> **"乃孜尔"** 我国新疆地区穆斯林为纪念亡人而举行的一种悼念活动。"乃孜尔"意为施舍、赈济、悼宴等。
>
> **"纳斯"** 麻黄草、烟叶等混合体,深褐色,刺激性大,放在鼻腔和嘴里使用。

诵经习俗

诵经为塔吉克族丧葬习俗之一,诵经仪式没有确定的日期,一般为葬礼结束后一年内举行,也可延期举行,仪式要举行三天。丧家首先要准备一间房子,打扫干净,请两个诵经阿訇进来,放一个绣花枕头,枕头最好为新的,或者至少是洁净的,之后在枕头上放一本《古兰经》,由两个阿訇轮流诵念或同时诵念。除夜间稍作休息外,要连续诵念三天。这三天中,不断会有亲邻前来拜访,来人一般要先入诵经房,手抚《古兰经》,然后用《古兰经》触碰唇部和额头,之后吻阿訇的手,并将带来的礼品放置枕头一旁,现今一般供奉现金。客人们退出诵经房之后才与丧家见面,相互问候完毕,坐下来食用手抓肉、抓饭等食品。

诵经仪式一般于第三天下午结束。结束前要到亡人的坟头,诵经祈祷,这才宣告仪式结束。丧家一般要送较贵重的礼物作为阿訇的谢礼,如一只羊、一匹马或一块地毡等。

第五章
多彩的民族风情

塔吉克族特有的蓝盖力民居、营养味美的高原美食和独具特色的民族服装,无不展示着塔吉克民族的聪明才智和果敢性格。生活在帕米尔高原太阳神的子孙们,挑战着艰苦的高原生存环境,抵抗着长期缺水的干旱天气,在交通不便的高原之巅过着半耕半牧的生活,形成了多彩多姿的民族风情。

传统蓝盖力房屋内饰

蓝盖力房屋

塔吉克人房屋一般为土木结构的正方形平顶屋,塔吉克人称这种房屋为"蓝盖力"。据说,蓝盖力房屋是塔吉克族大诗人和伊斯玛仪派哲学家纳塞尔·霍斯鲁设计的,这种房屋比较宽大,没窗户,屋顶中央开有天窗。屋子里分为三个区域:中间为脚地,房门向阳,靠左墙角。进门后,有一面高度为1.5米左右的墙。过了这道墙,便是脚地。脚地中间是个大炉灶,天窗正好开在炉上方,一是可以采光,二是便于排烟。室内四周为土台。过去塔吉克牧民大多过大家庭生活,由于条件的限制,全家老小饮食起居都在这蓝盖力屋里,屋内不分间,近门的侧边为长辈睡觉和招待客人的地方,另一侧为晚辈卧处。对炉灶一面稍狭,一般堆置物品,也可睡人。两面睡觉的地方常铺毛毡,白天被褥叠在墙边。过去一般没有桌椅和床等家具,人都在类似的土台上坐卧、饮食和休息。

蓝盖力屋顶用作晒台,中间高,四边稍低,以便雨水下流。塔吉克人的一切红白喜事都在蓝盖力屋里举办。经济条件宽裕、人口多的人家，还另有客房和卧室。有些人家还围绕蓝盖力屋修建走廊、宽大的屋檐（形同凉棚）等附属建筑。蓝盖力屋周围一般建有牲畜棚圈和草房，另有院墙，房院周围种有树木。

塔吉克族还通过蓝盖力房屋的长、宽、高度和柱子的数量来表达塔吉克人的信仰观念。如，房屋的长度和宽度均为7米，表示伊斯玛仪派的7个"伊玛目"。房屋的柱子为5个，表示伊斯玛仪派"潘吉台尼"，意为"5人"，即穆罕默德、阿里（穆罕默德的女婿）、法蒂玛（穆罕默德之女）、哈桑（阿里与法蒂玛的长子）、侯赛因（阿里与法蒂玛的次子）等5人。

自然而营养丰富的高原美食

饮食文化作为非物质文化遗产，也是各民族文化独特性的重要体现。保护这样的非物质文化遗产，最终目的是让祖先的遗产在当代人手中传承。塔吉克族传统饮食最鲜明的特点，是它的自然性和富于营养，也就是所谓的"绿色食品"。在塔吉克饮食文化中，制作工艺就是其中的重要组成。比如，"哈克斯"（油面糊）制作和保存方法不仅历史悠久，而且仍在使用。这样的古老土办法，对当代人非常有价值，因此，我们要全力保护。

1. 奶粥（西尔布林济）：用大米和牛奶煮成粥，是家常便饭。

2. 奶面片（西尔太力提）：将白面擀好后切成片，下入烧开的牛奶中煮熟。

3. 奶面粥（巴提）：烧开牛奶，加进酥油撒入面粉，边煮边搅成糊状。

4. 酥油泡（馕泰勒提）：先将酥油加热，再将馕切成碎块放入大盘中，用热酥油浇在馕块上。

5. 油面糊（哈克斯）：烧热酥油，加面粉搅拌煮成糊状。

油面糊

6. 粥（乌麻什）：将面粉或玉米面等用冷水拌成糊状，水烧开后将面糊倒入锅中，搅拌煮熟。

7. 酥油奶糊（扎忍）：先烧好面糊，然后加酥油和奶皮子等，放凉了再加少许冰块入锅。

8. 奶酪（派乃依尔）：将牛奶煮开，加适量酸奶，使奶和水分离，除去水分即成奶酪。

9. 奶干（吉格依）：烧开牛奶，加少许酸奶，滤去水分，用油炒干，成蛋黄色即可。

10. 馕：馕是塔吉克民族的主食，也是新疆和中亚许多民族的主食，塔吉克人早、中、晚三餐都离不开馕。

馕

> **知识链接** 馕以面粉为主要原料，多为发面，但不放碱而放少许盐。馕大都呈圆形，中间薄，边沿略厚，中央戳有许多花纹。塔吉克民族馕的种类和花样很多，所用的原料也很丰富，除了面粉以外，芝麻、洋葱、鸡蛋、清油、酥油、牛奶、糖、盐都是不可缺少的原料。塔吉克民族的馕可分为婚礼馕、葬礼馕、节日馕、旅行馕等。馕大部分在馕坑里烤成。烤制用的炉灶为小窑形，新疆汉族人称其为"馕坑"，因为没有更准确的汉语名称，"馕坑"便成为通用名称。塔吉克民族的馕坑也别具一格，由于地区不同，馕的样式也不太一样。塔吉克民族中，无论男女都会做馕，特别是在招待客人时，他们会拿出各种各样的馕来招待你。

酥油馕

塔吉克族妇女在馕坑打馕

11. 奶茶（艾提干恰依）：将红茶或砖茶加水煮开，加少许熟奶入锅煮成奶茶。

> **知识链接** 奶茶是塔吉克人最普遍的饮料，同主食一样不可缺少。过去认为有奶茶和馕即可满足基本的生活需要。奶茶的原料是茶、牛奶（牦牛奶或羊奶）和盐水。塔吉克民族喜欢喝红茶，有的时候喝茯砖茶，无论什么茶，经他们配上奶子，烧制成奶茶，都具有诱人的芳香和可口的味道。奶茶的一般做法是：先将砖茶捣碎放入铜壶或水锅中煮，茶烧开后，加入鲜奶，沸时不断用勺扬撒，直到茶乳充分交融，除去茶叶，加盐即成。

抓饭

12. 抓饭（波罗）：波罗是塔吉克语，汉语译为抓饭。据说，波罗这种美食是塔吉克民族的医学家伊本西那（980—1037）创造的，他本来为病人治病而作，后来就成为一种清油米饭了。它现在是塔吉克民族最喜爱的食品之一。

13. 手抓肉（喀勒）：用清水煮较大的肉块，一般羊肉煮一小时即可捞出，撒上盐面或蘸盐水吃。新疆的汉族人习惯称其为"大块肉"。

14. 油肝（冬巴吉格尔）："冬巴吉格尔"是塔吉克语，意思是羊的尾巴和肝子。羊肉煮熟后取出羊肝和羊尾油，切成薄片，按羊尾油片的大小，用两片羊肝夹一片羊尾巴油并撒些孜然、精盐和胡椒粉等调料食用。羊肝煮后味淡，羊尾油却腻而人畏，奇怪的是两者合起来吃时，却产生香而不腻的效果。这种食法不但味美，还具有养肝壮体的特殊功效。到了高原上，相信即使刻意节食以保持苗条身材的女士，也会喜爱上"冬巴吉格尔"。

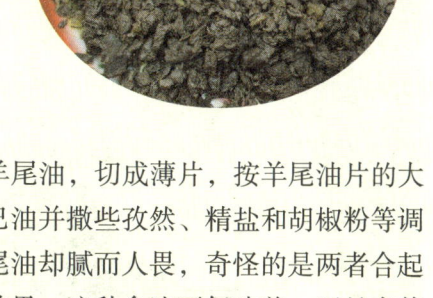

手抓肉

油肝

▲ 塔吉克族饼干

15. 酥油饭：用酥油、蜂蜜拌米饭的美食。

16. 炖牦牛肉：塔吉克人在婚庆等大型聚餐活动时招待宾客常用的美食。

现在，相当多的塔吉克人还学会了炒菜，在招待远方来的贵客时，往往要用本地的原料炒几道菜来表达对客人的热烈欢迎。要是气氛足够活跃，除了宴会上的美食，游客还将欣赏到优美的鹰舞。

鲜艳夺目的民族服饰

塔吉克族的服装以棉衣和夹衣为主，没有明显的四季更替服装，这与帕米尔地区高寒的气候条件有关。女性服装较为讲究，尤其是年轻女子。塔吉克族服饰具有鲜明的民族特色。

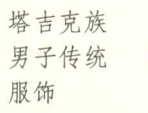

塔吉克族男子传统服饰 ▶

▲ 塔吉克族男子吐马克帽

男性服装

男子一般戴吐马克帽，此帽为黑绒圆高统帽，帽上绣有数道花边，帽里用优质黑羔皮缝制，帽的下沿卷起，露出一圈皮毛。吐马克帽的黑绒面上缝有红色、蓝色的丝绒或绸子边（青年人与老人有所区别），帽子的面与边的连接处有各色刺绣。青少年的吐马克面子为白绸制作。吐马克帽式样美观大方，非常适合高原山区使用，天气暖和时可以折起帽圈来戴，天气寒冷时可以放下帽圈，护住脖颈。夏季塔吉克男子戴用白布缝制刺绣的谢伊达小圆帽。男子一般穿套头的衬衣，外罩黑色袷袢（对襟长外套），系绣花腰带，冬季加穿大衣或皮大衣。皮大衣多为家庭手工制品，不带布面。

女性服装

妇女一般戴刺绣精美的库勒塔帽，此帽为绣花圆顶带耳围的花帽，实际上是一种很有特色的厚实的女帽，很适宜高寒地区使用。库勒塔帽用白布做底，其上是妇女们各自喜爱的精美刺绣图案，年轻妇女的帽子周围有极为精美的刺绣，上部（即顶部）也有刺绣。库勒塔帽后部稍长，这样可护住颈部。缝制库勒塔是塔吉克妇女传统的手工艺，姑娘们从小就开始学习缝制库勒塔帽。

塔吉克族少女传统库勒塔帽

塔吉克族少女传统服饰

妇女平时穿连衣裙，并穿长裤，夏季在裙外加一背心，冬天外罩袷袢。老年妇女一般穿蓝、绿花色的连衣裙，年轻妇女和姑娘们则穿红、黄花色的连衣裙。

以前妇女都穿家中自织的长筒毛线袜，冬季则穿长毡袜，外穿自制长筒尖头软底皮靴。皮靴一般染红色，靴筒用野羊皮缝制，靴底用牛皮或骆驼皮制成。这种靴子很轻，防寒防水，不论骑马或爬山，都十分适宜，轻便耐用。

装饰与饰品

在装饰方面，男子除帽子上有刺绣外，也有在衬衣领子和腰带上绣花的。妇女大都喜爱装扮，青年妇女讲究服饰的美观和色彩的艳丽，主要特点为：库勒塔帽绣花图案繁多，五彩缤纷；衣裙色彩鲜艳，一般为大红、深绿和鹅黄等色。妇女盛装时要在库

塔吉克族少女

勒塔帽檐上加缀一排叫作"斯力斯拉"的小银链，戴大耳环，颈绕数道珠宝项链，胸前佩戴叫作"阿勒卡"的圆形大银饰。已婚少妇在发辫上缀很大的白纽扣。新娘则在辫梢饰丝穗，手上戴贵重金属制成的手镯和戒指，耳垂上戴耳环。

妇女服饰有年龄和已婚之分。未婚女子外出常系三角形绣花腰带，臀后带后围裙。已婚妇女常佩戴胸饰、项链、耳环和发饰。老年妇女留一条长辫，不佩戴胸饰。中年妇女留鬓发，长度与耳垂相齐，也梳一条发辫。新婚妇女梳4条长辫，辫子上各佩戴一排大的白色纽扣或银圆做装饰，这是已婚的标志。未婚姑娘不留鬓发，发辫上不佩戴纽扣等饰物，常用小铜铃将辫梢联结在一起。

"国王"与"王后"的婚礼

塔吉克人的婚礼民族色彩浓郁，气氛热烈、隆重，有些场面像诗一样优美，画一样动人。在旧社会，塔吉克人的婚姻大事大都由长辈包办。新中国成立后，自由恋爱才蔚然成风。男女青年放牧时，在美丽、宁静的草滩上，互相对歌，探索对方心中的奥秘，表达各自的心思。如果情投意合，他们就互赠定情之物。女的一般送给男方绣品，如手绢、烟荷包等，里面有时包着杏仁，表示献上她的心。男的大都给女方送各种首饰。

婚礼前的六七天，男女双方家长便骑马外出，邀请家中最近遇到

塔吉克族新郎和新娘

不幸事件的亲友（主要是丧事）到自己家里，宰羊设宴，热情款待。宴前，家长们首先将一个达甫（手鼓）拿到宾客面前，然后说（大意）："亲人们，过去的事，就让它过去吧，请你们帮助我们，在我家即将来临的喜庆之前，擦干悲痛的眼泪，振作精神，用力敲响'达甫'，为青年人祝福吧。"这时，每个客人都会在手鼓上敲几下，表示悲痛的日子已经过去，同意青年男女结婚前的娱乐活动。

塔吉克人对婚礼十分重视，婚礼的日子一般选在秋高气爽、牛羊肥壮的金秋季节。婚礼要热闹三天。第一天男女双方各在自己家里设宴，亲戚前来贺喜，他们带来的礼品一般是4~6个馕，在馕上再摆放衣服、日常用品和首饰等贺礼。最亲密的亲戚送羊。母亲或长嫂在礼品上撒面粉，以示吉祥。新郎穿戴婚礼服饰，新娘则躲在自己的屋子中不露面。第二天各在本村范围内举行更大规模的娱乐活动。一般是在第三天上午迎亲，男女两家相距较远的，第一天新郎即往女方家迎亲，次日返回男方家中。在举行婚礼期间，前往祝贺的亲邻们都穿最好的衣服。经常是一家结婚，全村都沉浸在节日气氛中。

塔吉克族新娘在婚礼三天后才能揭去面纱

"拜德尔汗"为塔吉克语,直译即为"婚姻之父"。"拜德尔汗"是由女方指定,再由男女双方协商确定的证婚人。新郎、新娘将一辈子如同敬重自己的生身父母一样尊敬他。婚后男女双方若有不和,也须找他调解。婚礼中,当宗教人士为新人祝福时,女方家长要回避,而"拜德尔汗"则必须在场。宗教人士祈祷后,"拜德尔汗"亲自喂新郎、新娘喝一杯盐水,吃一口肉和馕。婚后的第三天,娘家人、"拜德尔汗"和宗教人士来男方家做客。这时,作为证婚人的"拜德尔汗"在众人面前揭去新娘的

塔吉克新郎、新娘互换系有红白两色绸带的戒指

面纱，此后新娘方可参加家务劳动。

婚礼的第一天中午，新郎、新娘各在自己家中举行隆重的沐浴净身、喜着婚服的仪式。新郎的礼服为："吐马克帽"上缠绕红白两色的绸带或布条，穿绣花的衬衣和外套，系绣花腰带，脚穿花边长袜和红色鞋子。新娘的服饰为：头戴绣花小帽，帽前垂挂"斯力斯拉"（一排小银链），耳戴银制大耳环，在4根长辫梢上系大红丝穗。身穿红色长裙，外套大红袷祥。佩戴艳丽的头饰、项链、胸饰和辫饰，脚穿花长袜和红皮短靴。新郎和新娘都要在左右手小指上戴戒指，戒指上各系红、白绸带4条。

一切准备就绪后，宗教人士面向新郎，为其高声祈祷，之后将早已准备在馕坑边的绵羊屠宰为新郎的大礼驱邪，同时也是为新娘过门后的第一餐做准备。接着，新郎的父母及亲友争先恐后地往新郎礼服上撒面粉以示祝福。随后，在两名伴郎的监督下，新郎用清水洗净全身，穿上新婚礼服。

迎亲时，新郎骑上骏马，由一位已婚青年和一批未婚青年陪同，组成一支马队，吹打着乐器前往女方家。一路上，骑在马上的小伙子们一面叼羊，一面唱着礼歌（《国王来临》），这是因为塔吉克人将婚礼中的新郎比作"国王"。他们来到女方家后就更热闹了。女方会表示隆重欢迎，新娘的两位女伴敬上两碗加了酥油的牛奶，新郎饮毕后下马。这时，女方的长者给新郎和"拜德尔汗"等人肩头撒面粉以示祝贺。

结婚仪式是男方接亲时，在女方家举行的仪式。这时，前来参加婚礼的长者和亲友都要在场，新郎和新娘站在一起，各有两位妇女（一已婚、一未婚）陪同。由宗教人士海里派主持仪式并诵读《尼卡那麦》（结婚之书），据说此书是塔吉克族哲学家纳赛尔·霍斯罗专门为男女结婚而写的，其主要内容包括家庭、人生、教育和哲理。这时，"拜德尔汗"端过一碗盐水，新郎、新娘各喝一口，再吃点肉和馕，这即象征着两人从此生活在一起。仪式上，新郎、新娘会互换系有红白两色绸带的戒指。女方的一位妇女向新郎、新娘身上抛撒糖果，孩子们便围拢上去捡拾。而后，前来参加婚礼的宾客们一一上前向新郎、新娘表示祝贺，祝愿他们生活美满，早生贵子，白头到老。这时，女方父母走上前来，请新郎、新娘就座，新郎则走上前去，对岳父母行吻手礼，以示敬重。众人奏乐歌舞，向新人表示祝贺。女方家则以奶茶、酥油和点心等食品招待客人。

结婚后的第三天，即新媳妇进门的第三天，"拜德尔汗"和女方的亲戚及宗教人士来男方家做客，娘家人要带来精美的食物和一只宰好的羊做礼物。新娘在夫家，要戴三天面纱，这时，由"拜德尔汗"亲手将新媳妇的面纱揭下，然后，给新媳妇拿来面、油、奶等东西，让她和面打馕，这象征着她将在新的家庭开始新的生活。男方要宰羊招待女方的客人，并给女方的每位客人赠送衣料等礼物，如路途较远，男方就要留他们住宿。婚后一段时间，新郎、新娘须回女方家探望父母，女方的父母和亲人将宰羊招待他们，至此，婚礼方告结束。

五彩缤纷的民族节日

伊斯兰教的古尔邦节

古尔邦节是伊斯兰教的传统节日，信仰伊斯兰教的民族都要隆重地欢度这一节日。

相传在很久以前，先知易卜拉欣在一天夜里梦见安拉（真主）命令他到米那山谷亲手杀死自己的儿子伊斯玛仪，作为对安

古尔邦节

拉的献祭。当易卜拉欣遵从安拉的旨意时，安拉命天使送来一只羊，说安拉已经看到他的虔诚，可以以羊代替献祭。

根据这一传说，在阿拉伯人中形成了每年宰牲献祭的习俗，并且

古尔邦节

成了包括塔吉克族在内的信仰伊斯兰教各民族的共同节日。伊斯兰教教历与现行公历每年有近11天的日差，故每年古尔邦节的公历日都不固定。

塔吉克族过古尔邦节的习俗与维吾尔、乌孜别克等穆斯林民族有相同之处，亦有不同之处。相同之处为：古尔邦节起始的传说、节日时间、节日礼拜、用作牺牲之物的牛羊等。不同之处为：他们是在自己传统习俗以及物质生活和精神生活的基础上来过这一节日的。例如：塔吉克人在一年前就开始做古尔邦节的部分准备工作了，产羔时期，每户人家就挑选出黑眼睛、毛色纯白羔羊做上标记，作为古尔邦节的牺牲之物。节日来临，宰杀这只羊之前，要将它的眼睛涂抹得很漂亮，然后将其抬上屋顶宰杀，并要将羊血涂于孩子们的额头和面颊，以示吉祥。羊要整煮，然后将其原封不动地送往塔吉克人的宗教活动场所"加玛艾提哈那"，交给有关人员。古尔邦"乃玛孜"之后，众人整齐地围坐在餐布周围，分食统一分配的羊肉，边吃边回顾一年内发生过的事，同时满怀喜悦地憧憬未来。食毕，祈祷之后，大家三五成群地去拜节。

依照习惯，节日前，家家户户都把房子院落打扫整修一新，并赶制节日新装。妇女们要炸馓子，烤制油馕，制作各种糕点，购买各种糖果等食品，做过节的充分准备。节日期间姑娘媳妇不做针线活儿，不纺线。边远的山区一般没有"加玛艾提哈那"，牧民们在约定的地点聚齐，做古尔邦"乃玛孜"，同食作为牺牲的羊肉。古尔邦节的第二天，每家都要带上作为祭品的肉或饭食，前往墓地祭奠亡灵。

肉孜开斋节

塔吉克人也过肉孜节,但对这一节日却并不十分重视。塔吉克人也做肉孜节"乃玛孜",也相互拜节,但却不封斋。在节日来临前,人们打扫卫生,炸馓子,做点心,准备节日食品。一般在礼拜后,人们去墓地悼念亡故的亲人。节日期间人们准备十分丰盛的食品,男女老幼身着节日盛装,走亲访友,互相祝贺,欢聚一堂。

琐罗亚斯德教七大节日之———肖公巴哈尔节

"肖公巴哈尔",塔吉克语意思是"迎春"。这一节日另一种叫法是"诺鲁孜节",塔吉克语意思是"新日""新年"或"新春",也可理解为新年的第一天。我国塔吉克人又将这一节日称为"且得其德尔"。

塔吉克族新年——肖公巴哈尔节

知识链接 肖公巴哈尔节 塔吉克人最古老的传统节日,塔吉克族在冬去春来、春暖花开、万物复苏之际,将"肖公巴哈尔"这一天看作是祝愿实现新的一年的美好愿望的时日。

节日前夕,家家户户将里里外外打扫干净,清除一冬所积的污物,然后要在屋里的墙上画一定的花纹,并洒面粉以示祝福。另外,还要准备各种节日食品,并且一定要烤制一个过年所用的大馕。

节日这天,人们在众人推举的"肖公"(率领一群人去各家拜年的首领)带领下去各家拜节,进门便道"恭贺新禧",主人回答"但愿如此"。接着将面粉撒在"肖公"及来客肩上以示祝福,而后热情款待来客。按照习俗,先由"肖公"亲手将大馕掰成块状,念道"比斯米拉"(以真主的名义)并吃一口,然后众人一同进食。妇女们节日这天在家中待客,孩子们同男人去拜年,姑娘媳妇则携带节日油馕去给父母亲友拜节,节期为三天。

肖公巴哈尔节最重要的特点之一就是没有宗教色彩,因此,

欢庆肖公巴哈尔节

节日期间人们感觉很自由。人类将新春看作新生命的象征，看作是大自然对人的恩惠，因而人类是用最美的诗句来歌颂春天，塔吉克人的肖公巴哈尔节的中心思想正在于此。在塔吉克人漫长的社会生活中自然形成的肖公巴哈尔节，以其丰富的内容和绚丽的色彩在塔吉克人精神生活中占据着独特的位置。

拜火教的痕迹——皮里克节

皮里克节也是独具塔吉克民族特色的节日，内容丰富多彩，十分隆重。由于此节恰好在伊斯兰教教历八月十四至十五，因而又称"巴拉提节"。因为"皮里克"（直译为"灯芯"或"灯"）为整个节日的中心内容，故又称之为"皮里克节"（可直译"灯节"）。

皮里克节要过两天。第一天晚上为"家中皮里克"。先将浸过油的棉花缠在干草棍上，给家中的每个人做两支油烛，做好后将油烛插在一个盛满沙子的大盆

塔吉克族皮里克节仪式

塔吉克族皮里克节结束后燃起火把

内。夜间一家人围坐在插有油烛的大盆周围，主持人先做祈祷。而后呼唤每个人的名字，以知其是否在场。接着燃起油烛，诵读经文，祈求真主赐福，一家老小也都眼望油烛，相互祝福。仪式结束后，家人一起分食节日食物。翌日，人们相互祝贺，夜间举行"墓地皮里克"仪式。各家各户都特意为亡故的亲人宰牲并准备好各种食物，以便在夜间携往墓地祭奠亲人。墓地皮里克点燃后，一家人蹲在地上祷告："祖先们，我们不会忘记你们对这一世界的贡献，不会忘记你们伟大的亡灵，安息吧，我们不会辜负你们的遗愿，愿你们的亡灵佑助我们！"而后，各家各户的人围坐在一起，共食带来的食物。

墓地皮里克仪式结束后，家家在屋顶燃起火把，祈求真主降福。孩子们在外面燃起篝火，并围着篝火做丰富多彩的游戏，这种时候，帕米尔的夜空被照耀得如同白昼。

知识链接 皮里克节的实质在于赞美火、膜拜火，借火求福。很明显，膜拜火、赞美火并非伊斯兰教的习俗，而是拜火教的核心思想之所在。在拜火教的圣典《阿维斯陀》中，火被神化为具有一系列社会内容的象征物。

祖吾尔——引水节

"祖吾尔"在塔吉克语中为"引水"之意,这个节日属农事节日,反映了帕米尔高原的自然环境以及勤劳的塔吉克人与之相应的生产活动。塔吉克人所聚居的塔什库尔干地区气候寒冷,居民稀少,冬季山水冻结,春季来临时,需要砸开冰块,引水入渠,开耕播种。但单独一户人家引水开耕绝不可能,须全村人一齐出动,祖吾尔节便是在这一现实基础上形成的。

每当节日临近,须做一些准备工作,如要在主要渠道的冰面

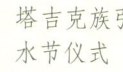

塔吉克族引水节仪式

破冰引水

上撒土（撒土可加快冰融速度）并准备好各种工具，还要烤制3个节日大馕（一个留在家里，两个携往引水工地）。引水这天，全村人在"米拉甫"（水官）的带领下骑马到引水点，参加破冰修整渠道的劳动。引水入渠之后，人们聚在一起，共食带来的节日烤馕，小孩子们则相互撩水嬉闹。之后，人们共同祈祷，祈求风调雨顺，庄稼丰收。接着，人们举行隆重的叼羊、赛马等活动，庆祝引水节，这种时候，全村一片欢腾。

最吸引人的就是每年举办一次的"祖吾尔"节（一般是在肖公巴哈尔节前一个星期举办），人们在凿冰引水劳动、"麻扎"朝拜、赛马叼羊等活动中，相互团结与合作的精神体现的是那么完美，从而形成了一种使人陶醉的人文景象。从这一景象中既可以感受到自然生态环境，又可以看到人类那种与生态环境相适宜的物质和精神活动，简而言之，就是自然与人类相融合的那种关系。这也正是塔吉克文化所具有的特点。也正是因为这个原因，塔吉克族的"祖吾尔节日"已被列入国家级非物质文化遗产的行列，将这一民族节日视为民族文化的重要组成部分。

铁合木祖瓦斯提——播种节

"铁合木祖瓦斯提"，塔吉克语意思是"播种"或"开始播种"，故又称"播种节"。这一节日紧接着引水节。时间是正式播种的第一天。

过这一节日，各家农户先要烤馕，还要做一种叫作"代力亚"的饭（将大麦碾碎煮熟和压碎的干酪混合在一起做成的饭）。邻里相互拜节，当前来拜节的人出门时，妇女跟随其后出来洒水，以祈求丰收。还将喂牛的面团（饲料）捏成耕牛及犁具形状，并要象征性地在口袋里装点种子，请富有农作经验的老农向地里撒种，撒种时还要烧点烟火，一人撒种时，其余人都将衣襟宽宽地撩起，让种子落进怀内，并要将这种子带回去。然后请一位有福气的老婆婆坐于地中间，一个人象征性地围绕她转圈并翻挖土地，而后，人们相互分发剩在口袋里的种子。耕种期间，整个村子充满了互助协作的气氛，人际关系非常融洽。

总的看来，塔吉克族的传统节日种类多，内容丰富，形式也较复杂。有的反映了塔吉克人自古以来有关自然、社会、人际关

塔吉克族
播种节

系的哲学观念，有的反映了塔吉克人的宗教信仰和宗教活动形式，有的反映了塔吉克人的各种生产活动，这些节日活动也反映出了塔吉克人的美学观念、道德观念和有关社会生活的知识和经验。因此，作为塔吉克族风俗的一个组成部分，塔吉克族节日表现上看起来似乎是习惯，而实质上，它反映出了塔吉克社会不同的方面。因此，它对于塔吉克文化研究来说也是极为宝贵的材料。

第六章
灿烂的民族文化

塔吉克族的文学艺术丰富多彩，源远流长。著名的塔吉克"玛卡姆"口耳相传，充满着浓郁的诗意和浪漫的色彩，表现了塔吉克人民丰富而奇特的想象力，特有的民族文化练就了塔吉克族果敢、热情、不畏艰险的性格。

语言文字

我国塔吉克人的直系先民为操东伊朗语的民族，在我国史书中多有记载的塞人也正是操东伊朗语民族。学术界认为，塞种人的语言属印欧语系东伊朗语支，而帕米尔地区是古代塞种人活动的主要区域之一，广大的帕米尔地区主要的居民仍然操东伊朗语。我国境内塔什库尔干地区塔吉克人的语言亦属东伊朗语支。它们之间的历史联系是一个值得注意的问题。根据《大唐西域记》《新唐书》等史料和一些散见的出土文书来看，唐代和阗（今和田）、巴楚的居民使用东伊朗语，甚至连喀什的居民也使用的是东伊朗语。另外，色勒库尔语与粟特语、吐火罗语也有很密切的关系，因为粟特语与吐火罗语同属东伊朗语。

由于帕米尔属高原地带，山高路远，交通不便，这就为文化和经济上的交流带来不便，加之海上丝绸之路的开通，使得本为丝绸之路交通要道的帕米尔地段冷落下来，使得古代塔什库尔干塔吉克人的社会发展极其缓慢。正是在这种环境中，使用人数不多的色勒库尔塔吉克语几乎没有什么发展，它还保持了一种特有的古朴状态，保留了古代中亚塞语、粟特语、吐火罗语等古代语言的成分。正因为如此，一些专家认为色勒库尔塔吉克语是中亚和新疆南部古老语言中幸存的语言，是活着的塞语。由于色勒库尔塔吉克语最古老、最纯粹的特点，使得对它的研究很有价值，它为研究古代东伊朗语提供了某些条件，这一点吸引了许多中外语言学家。

我国塔吉克族所使用的语言属印欧语系伊朗语族东伊朗语支。这一语支包括一些使用人数不多的方言，各方言之间的关系比之与中亚塔吉克语（塔吉克斯坦书面语和阿富汗达里语）的关系更为接近。

我国塔吉克族按其自称主要有色勒库尔塔吉克和瓦罕塔吉克两部分。色勒库尔、瓦罕原本是地名。"色勒库尔"为塔吉克语，塔吉克人将塔什库尔干地区称作色勒库尔。瓦罕塔吉克则指历史上从瓦罕走廊迁居塔什库尔干的塔吉克人。因此，我国的塔吉克语又可分为色勒库尔塔吉克语和瓦罕塔吉克语。语言材料显示，色勒库尔塔吉克语和瓦罕塔吉克语是塔吉克语的两个方言。

我国的塔吉克语是塔什库尔干塔吉克自治县境内最重要的交际工具。尽管在文化教育和政府的日常事务中使用的是维吾尔语言文字和汉语言文字，但在整个塔吉克人的日常生活中，塔吉克语仍然占据着绝对地位。一般情况下，塔吉克人在家庭中只使用塔吉克语。人们相见问候、举办红白喜事、招待客人、交易买卖等都使用塔吉克语。一切娱乐活动中使用的也是塔吉克语，如讲故事、笑话、谚语、猜谜语等，语言亦为塔吉克语。文化教育方面虽然使用的是维吾尔语言文字，但教师和学生在课堂外却都使用塔吉克语进行交流。

塔吉克族学生阅读汉文课本

塔吉克语主要分布在新疆的西南部。我国塔吉克人80%分布在塔什库尔干塔吉克自治县，该县境内的达布达尔乡的一部分居民使用瓦罕塔吉克语，其他乡、村的居民则都使用色勒库尔塔吉克语。南疆的莎车县、泽普县，克孜勒苏的阿克陶县和和田皮山县有4个塔吉克民族乡，他们或与维吾尔人邻近或与之杂居，受维吾尔人影响较大，所以除了老人们只说塔吉克语外，另一部分人则兼通维吾尔语。

> **知识链接** **塔吉克语** 1. 以元音为核心构成，单词一般为1~3个音节，1个音节中至少有1个音位，最多有5个音位。若以A和B分别代表元音和辅音，那么就有这样几种形式：A、AB、BA、ABB、BAB、BABB、BABBB。如"parst"（问），"virzd"（炒）。2. 有较多的构词附加成分。其构词附加成分一部分同中亚塔吉克语和波斯语相同，一部分为该方言所特有。

构词的方法有：1. 加缀法。分为加前缀与加后缀两种。2. 复合法。有这样几类：（1）由意义相近或属同类事物名称的名词结合而成；（2）由意义相反的名词结合而成；（3）由具有修饰与被修饰关系的名词结合而成；（4）由形容词与名词结合而成；（5）由名词（在前）和形容词结合而成；（6）由名词和动词结合而成；（7）由数词（在前）和名词结合而成；（8）由形容词与形容词结合而成；（9）由形容词与动词结合而成；（10）名词重复构成；（11）形容词重复构成；（12）由象声词和感叹词重复构成。

民族教育发展

新中国成立前的教育发展情况

在过去的很长一段时间内，塔吉克族的社会教育基本上是一片空白，几乎没有一所官方学校，仅在农村有一些不正规的宗教经文学堂，如在宗教人士阿訇们的家庭中对五六名或七八名学生进行教育。起初，给这些学生教授波斯语言文学，待他们识字之后阿訇们便教授《古兰经》等伊斯兰经典著作。教学方法主要以朗读和背诵为主，学生学习两年左右，就算毕业。整个学习过程中的学习费用由学生自己承担。有钱人子女识字之后，就把他们送到国外宗教学校继续接受教育，回国后，让他们从事宗教活动，管理宗教学校。

我国塔吉克族的官方教育历史可追溯到1757年。当时，塔什库尔干地区被称为"蒲犁厅"。清朝政府在蒲犁成立了第一所免费学校，其学生主要是当时的清朝官兵子弟，大部分是满、汉人学生。学校聘请了两位阿訇给塔吉克族学生教授波斯语言文学。

1908年,在喀什一带成立了268所经堂学校性质的小学,学生发展到了7 979人;在塔什库尔干蒲犁县成立了一所学校,学校有2名教师,22名学生;到了1912年,此学校因经费不足,被迫关闭。

1935年,蒲犁县成立了塔吉克小学。当时只有2名维吾尔族教师,40名学生,教师用维吾尔语、波斯语、塔吉克语给学生授课。

1936年,在官方的支持下,蒲犁县正式建立了小学,此校有100多名学生,这标志着蒲犁县官方教育正式拉开了帷幕。1939年,在喀什市开设了一所高级小学班,此班有40名学生。后来,一部分学生到乌鲁木齐等地继续接受教育。从此,塔吉克族逐渐拥有了自己的一批高级人才。

在塔吉克族聚居的地区有了现代概念的教育事业。但是新中国成立以前,塔吉克族的教育事业发展特别缓慢。

新中国成立以来民族教育事业的发展

60年来,塔什库尔干塔吉克自治县的教育事业从无到有,从小到大,发展得较快。

1949年,塔吉克族仅有小学1所,学生178人,文盲占总人

音乐课

口的99%。中华人民共和国成立后，党和政府采取特殊政策，设立由国家供给食宿和学习用品的寄宿制小学，发展流动帐篷学校。1954年成立塔什库尔干塔吉克自治县后，建起第一所塔吉克中学，增设了2所小学，使用维吾尔语文教材。截至2000年，全县已有小学16所，在校学生5 586人；中学2所，在校初中生895人，高中生282人。在全区各类学校就读的塔吉克族学生有54人，中等职业学校学生173人，中专生120人，高中生276人，初中生1 403人，小学生7 519人。塔吉克族平均每万人口中有在读大学生13.46人，普通中专生29.9人，高中生68.83人，小学生的比例比较高。

近五年来，塔什库尔干塔吉克自治县把教育放在优先发展的战略地位，紧紧抓住教育扶贫工程、希望工程、国家贫困地区义务教育工程实施的机遇，大力加强学校布局调整，推进集中办学。在一期"国家贫困地区义务教育工程"实施中，共投资1 462.2万元，完成了一、二中合校工程，建立了教学区、试验区、生活区、体育运动区12 100平方米，配备了电教、试验仪器、图书、课桌椅等教学设备。完成了县中心小学和塔合曼乡、柯克亚乡、瓦恰乡、马尔洋乡等五所小学的危房改造，于2001年通过自治区、地区"工程办"验收。二期"义教工程"于2001年规划并实施，已完成库科西力克乡中心小学和两个教学点的工程主体建设任务，建筑面积为1 708平方米，投资219.9万元。完成了县中学汉语小学部、县城镇小学、县寄宿制小学、塔什库尔干

舞蹈课 ▶

乡小学四校合并的规划，并于2002年8月开工建设，完成了教育扶贫工程马扎尔种羊场寄宿制小学的建设任务，总投资72万元，建设面积为680平方米。五年来，国家总投资2 174.1万元，学校建筑面积32 658平方米，加强了对中学小学校长、老师的培训力度，提高了教学水平。

民间文学

在塔吉克文学宝库中，民间文学占有十分重要的位置。纵观中国塔吉克文学发展的历史，民间文学推演变化的一条线贯穿始终，成为整个塔吉克文学的核心和生命。中世纪塔吉克文学繁荣时期涌现出的一大批诗人、作家，无一不是从塔吉克民间文学的土壤中汲取营养，借鉴创作方法和寻找创作题材的。直至今日，口头创作、口头流传仍然是不少民间歌手们创作和传播他们作品的主要方法。

中国塔吉克民间文学，按照民间的分类，大体上可分为"soug"（赛吾格：即故事）和"beyt"（比依特：即诗体或诗典）两大类。"赛吾格"的内涵和外延非常广泛。从体裁角度看，它包括现代意义的所有散文体，也就是说包括"af sa na"（艾辅莎那：即神话），"raw a yat"（热瓦亚特：即传说），"soug"、"ma sal"（麦塞勒：即寓言），

《塔什库尔干民间故事》书影

"mas xa ra"（麦斯合拉：即笑语）和"vi gak"（维格克：即谜语）等。"比依特"的内涵十分丰富，范围非常广泛，它实际上包括现代民间文学理论分类的所有诗体，从体裁角度划分可分为"ga zal"（伽扎勒诗歌：即抒情诗），"rub u yi"（柔巴依：即四行诗），"qa su yid"（卡苏依德诗歌：即宗教歌或颂歌），"mas na wi"（玛斯纳维诗歌：即两行诗或自由诗歌）和"tal xin"（台勒肯诗歌：即哀歌）等。

根据"比依特"的思想内容及所使用的场合可分为劳动歌谣、风俗歌谣、爱情歌谣、哀歌、颂歌、宗教仪式歌等。

神话

神话是人类幼年时代的产物。塔吉克神话就是远古时代的塔吉克人关于自然现象和社会现象看法的历史记录。

塔吉克民间神话内容极其丰富，社会历史背景极为广阔。在塔吉克古代文学资料异常匮乏的情况下，塔吉克民间神话在塔吉克历史文化的研究中发挥了非常重要的作用，是研究古代帕米尔高原地区社会发展史和塔吉克族宗教、哲学、艺术、文学以及民俗等领域的宝贵材料。塔吉克族民间神话中有这样几个特点：1. 融汇了历史上不同类型的各种文化，内容异常丰富。在塔吉克民间神话中我们不仅可以看到波斯–塔吉克文化，而且可以看到中亚原始文化、拜火教文化、中原汉文化、伊斯兰文化与波斯–中亚塔吉克文化交织融汇于一炉的画面。2. 鲜明的鹰文化特色。在塔吉克人有关鹰的诸多传说中，鹰总是在塔吉克人危难之时帮助塔吉克人。至今塔吉克人仍崇敬鹰，将用鹰翅骨制成的鹰笛视为神圣之物。塔吉克族的民间舞蹈实质上就是一种"鹰舞"。3. 鲜明的慕士塔格（冰山）特色。大部分塔吉克民间神话都紧紧围绕慕士塔格展开其故事情节。在塔吉克人的观念中，慕士塔格不仅是一座闻名于世的冰山，而且它还是一尊超自然之神，一尊主宰一切的神。格外淳朴、高尚的风格。晶莹洁白的慕士塔格冰山陶冶着塔吉克人的情操，塔吉克人自古民风淳厚，道不拾遗，人人相敬如宾。由他们所创造、所传承的神话传说，自然也就带有他们本身所具有的淳朴、高尚的特点。

传说

传说是塔吉克民间文学中除了歌谣和民间故事以外所占比例较大、流传较广的体裁。

塔吉克民间传说从其内容可分为四类：一是古代英雄传说，二是关于地名的传说，三是关于某物来源的传说，四是有关古代各民族之间关系的传说。其中，有关慕士塔格冰山的传说，有关鹰笛的传说，有关英雄鲁斯塔木的传说以及有关马的传说，在整个塔吉克民间传说中占据非常重要的位置。这四种传说体系不仅流传至今，而且它已浸润到塔吉克族人民的生活和心灵深处，成为塔吉克民族的重要精神财富。不了解这些传说，就不可能深入了解塔吉克人民，也不可能深入了解塔吉克民族的文化发展史。

◀ 《鹰的传人》书影

故事

塔吉克族民间故事内容丰富，情节曲折，语言优美动人，流传十分广泛。从故事所描写的主要事件以及讲述对象来看，可以分为幻想故事、生活故事、动物故事、儿童故事、爱情故事、神怪故事等。

歌谣

民歌是塔吉克族民间文学的一个重要分支。流传至今的民歌有的反映了社会生活和风俗民情，有的歌颂纯洁的爱情。总之内容丰富，形式多样。塔吉克族民歌按照其内容主要可分为以下几类：

劳动歌 如反映塔吉克族农业生产的《打场歌》，反映牧业生产的《牧人之歌》和《挤奶歌》等。

风俗歌 包括婚礼习俗歌、葬礼习俗歌、问候礼仪歌等几类。

情歌 情歌是民歌的主要部分。

时政歌 这类民歌控诉了统治阶级对穷人的压榨，有的民歌还旗帜鲜明地表现了反抗阶级压迫的战斗精神。

新民歌 这类民歌产生于中华人民共和国成立之后，主要内容为歌唱新生活，歌唱新时代，歌唱共产党的好领导。

> **知识链接** 塔吉克族传统诗歌主要形式可以归纳为以下几类：1. 格则勒。2. 柔巴依。3. 卡斯德。4. 玛斯纳维。5. 台勒肯。

第七章
绚丽的民族艺术

帕米尔高原的壮丽风光,使得塔吉克艺术具有浓郁的民族特色。鹰笛的演艺,鹰舞的活力,诉说着太阳神的子孙们如何与大自然相依相存,还诉说着大自然给予塔吉克民族的慷慨赐予。

历史上，塔吉克族人民创造了丰富多彩的民间艺术。这些民间艺术是塔吉克族人民智慧的结晶，并且吸收了许多兄弟民族文化的精华。它们表达了人们爱憎分明的感情，反映了塔吉克族人民的生活。

舞蹈

塔吉克族民间舞蹈中鹰舞是最著名的，有一点需要说明，其他民族亦有模仿鹰的动作的舞蹈，但不同的是，塔吉克人将鹰的动作概括为一种基本舞姿，以此来表现各种题材，而其他民族模仿鹰的动作的舞蹈只是纯粹地表现鹰的生活。由此亦可看到鹰在塔吉克文化中的独特地位。

塔吉克族鹰舞用的都是7/8、9/8的节奏，舞蹈的一些基本动作是"双手上下摆动""反背手"，步法上是"后跟着地""上屈抬腿""跺碎步"等。"鹰翅臂""半鹰翅臂""鹰翅后臂"（这几个词是由塔吉克语直译过来的），几个民间舞蹈术语不难看出塔吉克族舞蹈与鹰有着非常密切的关系。

塔吉克族
鹰舞

塔吉克族的鹰舞姿势健美，风格淳朴。男子的舞姿为两臂一前一后，前臂较高，后臂较低，步法矫健灵活。动作慢时，两肩微微上下弹动，显示出激动的心情和豪迈的性格；急时，盘旋俯仰如鹰起隼落，最为刚强有力。妇女舞蹈时，双手随鼓声在头上部向里、向外旋转，动作比男子柔和，亦很矫健，女子的舞步与男子相同，步子可以根据音乐的节奏，随意变化。伴奏一般只用手鼓和鹰笛两种乐器，当众人舞至高潮时，不断插入许多口哨、击掌和欢呼的声音，气氛更加热烈欢快。

>知识链接 **塔吉克吉祥物** 塔吉克人把雄鹰视为百禽之首，认为它是忠诚、仁慈、勇敢、正义的象征。

◀ 塔吉克族吉祥物——鹰

乐器

鹰笛

这是最具塔吉克民族特色的一种乐器，用鹰翅骨制成，长约20厘米左右，上端直径约2厘米，下端约1厘米。下部开有3个笛孔，笛孔孔径约为1.5厘米，中空，没有嘴子，竖着吹奏，音色细而高。一般一对笛同时吹奏，一人奏主旋律，另一人加调装饰。常用手鼓伴奏，音色清悦，远及数里。新疆维吾尔自治区博物馆曾在巴楚脱库孜沙拉伊发现有鹰翅所制鹰笛残片，经研究，认定它与现在塔吉克人的鹰笛完全一样。

▲ 鹰笛

◀ 鹰笛演奏

塔吉克族手鼓

达卜

手鼓，塔吉克族打击乐器，鼓的一种。由鼓框、铁环、鼓面等组成，扁圆柱形。鼓框用沙枣木或杏木制成，直径35厘米~50厘米不等，将马驹皮或羊羔皮用树枝和木钉固定在框内侧，框内置许多小铁环。演奏时两手执鼓边，左右手指交替拍击鼓面，主要用作塔吉克族歌舞伴奏和器乐合奏。

手鼓在塔吉克族艺术生活中占有重要地位。手鼓的形成及制作使用的材料和维吾尔族的手鼓相同，但手鼓的抓执和演奏方法不同，尤其是塔吉克妇女敲奏的方法更具民族特色：一般由两位妇女同时演奏，一个掌握主要节奏；另一个则通过各种不同的节奏给予配合。这样，再通过高低强弱的变化，演奏形式变化多样而又节奏统一。

芦笛

芦笛，塔吉克语称"苏尔乃依"，用芦苇制作。制作方法相似于鹰笛。相传，古时帕米尔有一对年轻人，小伙子名叫赛亚德，是个牧人；姑娘名叫扎琳。他俩从小青梅竹马。但是，巴依为了霸占扎琳姑娘，便将小伙子害死了。当姑娘看到心爱的人死去，便拔下扎在爱人胸口上的短剑，也朝自己胸口刺去。人们将他们合葬于一处。后来，他们的墓上长出一株芦苇，微风吹过，芦苇便发出动听的声音。于是，一位塔吉克族老人就用这株芦苇制成一支笛子，将它叫作"唢乃依"（芦笛）。从此，塔吉克人的婚礼上便能听到芦笛那洪亮的声音了。

◀ 芦笛

拉布布

塔吉克族弹拨乐器。形制多样，大小不等。一般全长约40厘米~70厘米。琴身多用杏木制作。音箱背部呈弧形，正面蒙牛犊皮或马肚皮。琴头向后弯曲。音箱与琴杆连接处左右两侧有突出的棱角。琴杆较粗，长约15厘米，并用薄板盖

◀ 塔吉克族老人弹奏拉布布

面。前平，后面略有弧度。张六根羊肠弦，不设音品。用木拨弹奏，常用于伴奏民间歌曲。拉布布没有音品，琴码为木制，6根弦的音高为F、C、E、E、A、A（从内到外），琴声不甚响亮，但很柔和。塔吉克族家庭大都有这种乐器。

◀ 拉布布

第七章 绚丽的民族艺术

赛依塔尔

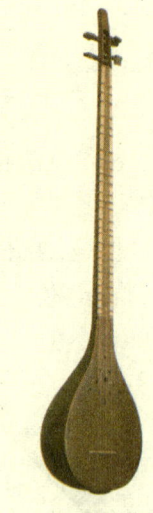

赛依塔尔 ▶

塔吉克族弹拨乐器。琴体用杏木雕凿而成，长120厘米~140厘米。琴杆中空，长而细，镶嵌骨头和贝壳雕刻的图案。音箱呈瓢形，挖数个圆形出音孔。以丝线缠绕18~20个品，张3根金属弦，其中主奏弦1根。演奏时，左手持琴按弦，右手指弹拨。音色清越。在塔吉克族聚会上用来作结构复杂的古典歌曲和挽歌的伴奏。

布拉尔孜卡姆

塔吉克族弹拨乐器。琴身用沙枣木、梨木或杏木制作，全长80厘米~105厘米。音箱呈葫芦形，中部挖空，深12厘米~14厘米，正面蒙马皮或牛犊肚皮。琴杆较粗，琴杆下端插在音箱上，中空，长约30厘米~35厘米。用薄板盖面。琴头半

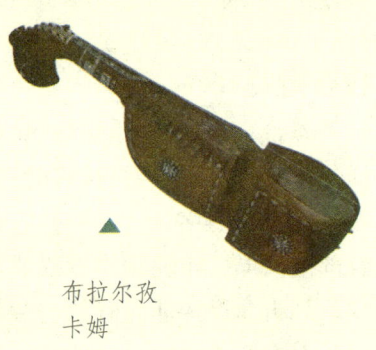

▲ 布拉尔孜卡姆

月形。张7根羊肠弦，前两根为主奏弦，第7根是高音弦，无品。专用伴奏神仙颂诗、挽歌和宗教典礼歌曲。

由于其使用范围和性质，这种乐器民间并不多。现在，随着文化艺术的发展，其使用范围也在扩大，通过改进，这种琴的音域更为宽广，也开始在一般演出时使用。

库姆里

库姆里 ▶

塔吉克族弹拨乐器。琴身多用杏木制作，全长90厘米。音箱长约57厘米，宽27厘米，正面圆形，蒙马皮，背面为拱弧状。上部接杆处设木翅状装置。琴杆上窄下宽中空。左侧设一线轴，无品，琴头向后倾斜。琴码木制，用羊肠弦。演

奏时，琴斜横怀中，左手托杆按弦，右手执长条木片弹拨。声音低沉厚实，常用于民间歌曲伴奏。

卡普孜

塔吉克族吹奏乐器。口簧。用芦苇或金属片制成，长8厘米~12厘米，中间有簧片。演奏时，将装簧的一端含在唇间，左手握住另一端，用左手食指拨动簧尖，同时通过舌头变动气流来发出音调，旋律悠扬。多由妇女吹奏。

◀ 卡普孜

塔吉克族乐器合奏

▼

艾捷克

艾捷克

塔吉克族拉弦乐器。音箱用长方形锌铁罐制成，长约20厘米，高10多厘米，侧面开一直径30厘米的音孔。木制琴杆，长约50厘米，上小下大，穿过音箱一侧，兼作指板。无品，张两根金属弦。琴马弧形木制。弓用柳或杨木制，系马尾。演奏时，置琴于腿上，左手执杆按弦，右手持弓在弦外擦奏，音色柔和深沉。多用于婚礼和青年人的聚会。

戏剧

民间戏剧是流传于塔什库尔干一带塔吉克人民当中的一种集歌、乐、舞、剧于一体的文学艺术形式，有一定的情节，深受群众的喜爱。民间戏剧分话剧、歌剧和木偶戏三个种类。

话剧

这是以对话和表演为主的一种短剧，语言诙谐，动作滑稽可笑，多有讽刺意义。例如话剧《巴达赫尚的商人》描述一个从巴达赫尚来的商人，披着宗教外衣，投机取巧，敲诈百姓，丑态百出的故事，塑造了一个愚蠢、贪婪、唯利是图的投机商形象。

歌剧

这是以短歌和表演构成的一种短剧，曲调取于民歌，表演一如话剧，传统剧目有《阿格恰与艾毕希卡》，讲述一个年事已高的财主强娶一年轻姑娘的故事。

木偶戏

这种木偶戏不是一般意义上的木偶戏,它是指演戏者使用特制的道具装扮自己,或者以木偶类的道具为剧中人,演员自己也要登台同演的一种剧。例如在《单干拜切》,讲述了一个贪婪的巴依每次参加婚礼都要带孩子去,让其他客人带着他的孩子跳舞的故事。

塔吉克族婚礼舞剧表演者

第八章
古老的民族技艺

　　塔吉克族的传统游戏、体育竞技是在帕米尔高原的生活环境和丝绸之路人文环境的基础上形成和发展的,其形式多样,内容丰富。民族医药、民族工艺是在历史的长河中,经过不断传承、发展而形成的。

传统游戏

塔吉克族民间游戏形式多样，内容丰富。这里我们介绍几个民间游戏。

其卡拉克

其卡拉克由长60厘米~70厘米的木棒和长15厘米的粗木条组成。先选个适当的地点，参与者分成两队。攻方用木棒把木条向守方方向打出，守方在木条落地之前将其接住或者用木棒将其打回攻方处。这种游戏具有浓厚的古竞技体育色彩，多为男子参加。

米希

米希由牛、羊、鹿等踝骨制成。为使撒出时更容易竖立，腔内熔入铅。因玩的地点、方式不同，种类分为大小几种，可在地上、冰上玩，可单人玩，也可双人或多人玩。"米希"是以牧业为主的塔吉克族男子最喜爱的游戏。

传统游戏——米希

基尼基克

基尼基克是用木片、布条和泥土等制成人或动物形状，着色。女孩喜爱人形的玩具，为其穿上衣服，并取名。鸟类形状的玩具是男孩儿女孩儿共同的玩具，其大小和形状由儿童的兴趣和岁数决定。

马背上的传统体育

塔吉克族是一个喜欢马的民族，人人对马有着深厚而独特的感情。马在塔吉克传统文化中扮演着重要角色，是智慧、勇敢、敏捷、忠诚和温顺的象征。

塔吉克族的传统体育竞技活动是在古代葱岭（帕米尔高原）的生态环境和古丝绸之路人文环境的基础上形成和发展的。其形式各种各样，内容丰富多彩，这里我们只简单地介绍其中的一部分，即马背上的民间体育活动和赛牦牛活动。

叼羊

塔吉克族在婚礼、剪发礼、割礼、引水节等喜庆的日子里，一般都要举行叼羊活动，这种时候，男女老少，观者如云，吹笛击鼓，唱歌跳舞，为骑手们助兴。

骑马叼羊是男子的体育竞技活动。叼羊过程中不允许有争执、伤人伤马等情况出现。

塔吉克人在叼羊比赛中还要进行奖励，这在塔吉克语中称作"派太"。奖品则要根据叼羊的规模，根据叼羊活动组织者的经济情况来决定。一般在比赛开始时奖品为笔、毛巾等小物件，在叼羊进入高潮时奖品就是表、服装、衣料等较贵重的物品了。

▲ 塔吉克族骑马叼羊

第八章 古老的民族技艺

塔吉克族
赛马

赛马

塔吉克人的赛马和叼羊一样,也是在操办喜事或逢年过节时举行。短距离的赛马不甚隆重;赛程远的赛马很隆重,获胜者有奖品。用来参赛的马匹是精选出来的,并且要单独喂养。若是赛程10公里的赛马,参赛的马匹在半年前就要选好,这段时间里,要使马匹养精蓄锐。赛程远的比赛奖品有骆驼、马、牦牛、牛、羊、钟表、彩电等大小牲畜和物品,据说,还曾有过奖赏元宝的。

大型赛马在塔什库尔干每年举办多次。在旅游活动中,经常举办赛马活动。

骑马射击

在七八米高的老树干上摆上装满水的茶碗和茶壶,射击者从远处驱马而来,边跑边射击,如能击中,那么他将得到众人的奖赏。旧时,骑马射击一般是在操办婚礼喜事时举行。新中国成立后,这项活动和民兵训练结合在了一起。这项活动现在已经很少举办。

跑马拾银圆

在地上挖一深15厘米~20厘米的小坑,坑内放入银圆,骑手们一个个疾速驱马跑过小坑,从飞奔的马上俯身伸手捡拾银圆,如若谁能捡到银圆,那么,不但银圆归他所有,还要另外给予奖赏。现在通常是骑马俯身捡拾包有物件的红布小包。

马球

马球,是当今世界上最古老的体育项目之一,史书称马球为"毛丸"或"击鞠"。

马球是木质的,用当地的一种树根,塔吉克语叫"托合"(一种灌木的根茎)的东西做成。这种东西呈圆形,根茎直径有20多厘米,用刀削成圆形,直径有17厘米~18厘米。这种球比较结实,一般打不坏;另一种球是用毡子缝制的,里面要填充碎毡片、碎布,中间要放一些干羊粪,这样球就会有弹性。这种球的直径在20厘米左右,比木质球稍大。球棍有两种,一般长1米左右,直径约10厘米,上端呈圆形,下端有突出部分,呈"J"字形,手握的地方圆滑,也较细。双方的马球运动员没有专门的服装,而是在头上系彩色头巾来区别。一般一方系红色头巾,而另一方则系白色的头巾来区别双方的队员。双方上场的运动员人数没有统一的规定,一般是每队6~12人,每一个队都代表一个家族或是一个部落进行比赛。参加人数多时,一般有4个裁判,两个

◀ 塔吉克族马球比赛

主裁判，两个副裁判，参加人数少时，只有两个裁判，一主一副。裁判身上有标记，一般挂有布条，裁判可骑马在场上流动裁决。场地一般长180米，宽90米（也有比这个小的），中间有一条直线区别两个阵营。比赛时间一般是每场半小时，分上下两场。双方进球的地方不设网，而是有一个直径约50厘米、深50厘米的坑，把球打进对方的坑里为胜。双方都设一名持棍守门员。在比赛中也有一些规则，如不准用球棍打马、打人或是拽人，三次违纪要罚下场，比赛途中可以换人等。

> **知识链接** 塔吉克族认为，红、白两色都是吉祥的颜色。白色代表纯洁、远大，红色代表吉祥、喜庆。

打马球要选择体格健壮的温顺马，而不要赛马，也不要烈性马，烈性的赛马虽然可以追上马球，但往往又会跑过头失去球。打马球既要拼勇敢，又要拼技巧和智慧，是一项很有趣的运动。

赛牦牛与骑牦牛叼羊

赛牦牛是最具有塔吉克民族特色的体育竞技活动，通常在操办喜事或逢年过节时举行。比赛方法与赛马相似，但距离较短，最长的也不超过3 000米。以先到终点者为胜。大规模赛牦牛的获胜者将获得马、牦牛、牛、羊、钟表、布料等奖品。获奖名次的多寡要根据参加比赛的牦牛数量来决定，而奖品多少也依此确定。

骑牦牛叼羊也是只有在塔什库尔干塔吉克自治县才能见到的

塔吉克族赛牦牛

一种体育竞技。牦牛虽然比马跑得慢，但比马凶悍，难以驯服。所以，骑牦牛叼羊便增加了难度，更具观赏性。

除上述体育竞技活动外，塔吉克人还有以石击靶、翻筋斗、摔跤、抢甩子、踢毽子、赛跑、跳远、跳高、单腿跳、打秋千等多种体育活动项目。

传统医疗

塔吉克族民间医药历史悠久，内容丰富多彩，相关传说故事也比较多。但是由于种种原因，对塔吉克族民间医药未能进行研究。这里我们介绍一些民间医药。

符咒疗

塔吉克族传统医疗。病人将病情详细告知"毛拉"（伊斯兰教学者），"毛拉""诊断"后，在薄白纸上用墨水写下"处方"（似为祈神消灾除难，解除病痛的咒语），然后，告诉病人如何服用。病人回去后，倒一碗清泉水，将"处方"浸入水中，待"处方"上的墨水溶化之后服用。"毛拉"共给病人开两张"处方"，病人将另一"处方"放在炭火之上使其冒烟，附身其上，让烟火熏烤。此种疗法在塔吉克人中非常普遍。一些疾病，如梦魇、难产、受惊、头痛、不孕、肢体酸痛、瘫痪、小孩说话结巴，以及其他精神方面的疾病，群众多用此法治疗。有时，这种疗法还用于牲畜，以辟邪或祈祝产羔产驹顺利等。有的牧民在转场时，为了诸事顺遂，也请"毛拉"写一"处方"，然后烧掉或是在牲畜棚圈周围烧起烟火熏烤，他们认为这样可防治牲畜生病。

驱邪符

塔吉克族民间传统医疗。病人将病情告知"毛拉"，"毛拉"根据病人提供的病情将几句祈福祛邪的话写于纸上，然后将其折叠并用漂亮的布包好，装在患者身上，或用线缝在衣服上。这种驱邪符的作用有二：一为预防；二为治疗。人们认为它可以辟邪，还可预防受惊、难产、昏厥、瘫痪、不孕等疾病。驱邪符还可与其他传统疗法一同使用。驱邪符不仅用于人，也用于牲畜。许多塔吉克人脖子上、腰上挂有驱邪符，甚至马、骆驼、羊等牲畜亦然。驱邪符又分暂时性的和永久性的两种，永久性的驱邪符须臾不可离身。

灸烧疗法

塔吉克族传统医疗之一。据说可治疗浮肿、创伤、岔气、关节炎、腰腿痛等多种疾病。使用该疗法者主要是"毛拉"和一些有这方面经验的人。疗法如下：先将纱布卷好，然后祈祷。祈祷毕，将纱布卷竖放于患处或穴位处，再将纱布卷点燃，让其从上往下慢慢燃烧。纱布烧完，也随之烧掉一层皮肤。日后，灸烧处将化脓、流黄水。不久患者即可痊愈。

◀ 灸烧疗法

温泉治病

塔什库尔干塔吉克自治县境内温泉比较多，形成了丰富的地热能源。经初步勘测，有利用价值的温泉有：洋布拉克温泉（72℃）、马尔洋温泉（62℃）、达布达尔喀拉吉里尕温泉（57℃）、热斯坎木温泉群以及塔合曼温泉（80℃）等。

在塔什库尔干的温泉中最负盛名的是塔合曼温泉，其温度达80℃以上，有两口泉眼，流量达每秒2升，日流量200吨以上。塔合曼温泉富含磷、硫、钠、钙、锰、银、硼等23种矿物质元素，可用来取暖、洗浴和治病。据科学分析测定，塔合曼温泉中含有对人体有益的12种元素，对关节炎、不孕不育、关节肿痛、妇科病、皮肤病、糖尿病、高血压、高血脂等多种疾病均有疗效。

植物药材

塔什库尔干的植物药材资源比较丰富，有帕米尔雪莲、紫草、麻黄、骆驼莲、锁阳、党参、当归、野茴香、青兰、库鲁木特草等。其中高原库鲁木特草是非常珍贵的药材。塔什库尔干属干旱气候，适合库鲁木特生长，种植成活率高，主要用于高血压、冠心病、脑血栓等病的治疗。塔什库尔干塔吉克自治县已将高原库鲁木特纳入种植与开发项目，年产20吨。

塔什库尔干还有高原紫草，全县14个乡镇场都有较好的紫草生长环境，其种植生长快，当年见效。该草药主要用于哮喘、咳嗽、糖尿病等症的治疗。

琐阳也是适于塔什库尔干地区干旱少雨，高原沙漠气候的药用植物，开发前景喜人。这种药材主要适用于生血、壮阳、健脾，有独特疗效。高原琐阳保健药和种植与开发，很有前途。

此外，在塔什库尔干还有高原雪莲。雪莲生产在4 000米以上雪域高原，种植成活率高，生长速度快，主要用于治疗妇科疾病、风湿类疾病、活血化瘀等。塔什库尔干塔吉克自治县计划实施高原雪莲种植与开发，年产30吨，种植当年见效。

塔什库尔干县位于帕米尔高原东部，属高原干旱气候，适合麻黄草生长所需的旱生和耐严寒、抗干旱等特点，县域内麻黄草遍布2.5万平方公里，生长快，长势十分喜人，产量非常可观。

麻黄草属多年生的灌木，生长在县域14个乡镇场和荒漠山地草原地带，品种分为木贼麻黄、兰麻黄和中麻黄三种，以木贼麻黄为主，是右旋麻黄素的主要成分。

目前，塔什库尔干塔吉克自治县人民政府将塔吉克族传统烫疗技艺作为非物质文化遗产，进行申请、申报工作已顺利完成。

> **知识链接** **玛卡** 一种生长在南美洲秘鲁安地斯山区海拔4 000米以上的高原上的植物。数千年来一直被印加人看做是安地斯山神赐的礼物。
>
> 近几年来，新疆塔什库尔干塔吉克自治县种植玛卡成功，开发玛卡酒、玛卡胶囊已经开始运作。玛卡的种植栽培，将填补我国西部高原农村无高效农作物的空白，也符合我国中药现代化中大力发展种植珍贵植物药材的战略。

慈祥的塔吉克族老妇

美观大方的民族工艺

塔吉克族的工艺美术品美观大方，很有民族特色，充分显示了塔吉克人的聪明才智。塔吉克族妇女大都是编织、缝纫和刺绣的能手，所织鞍垫、马衣、毛袜、手套、腰带等物大多饰有图案，其中妇女们最为拿手的是编织彩色花纹的毛线袜。鞍垫的制作亦很精致，织有美丽的花纹。腰带和靴带都用五色线织成，并附有花穗。补花（亦称"对布花"）也很普遍。妇女们用各色布块儿在枕头和后身围裙等物上拼出各种几何图案，颜色鲜艳，花纹对称协调，十分美观。有的妇女还擅长编制丝穗，青年妇女在结婚或节日时加于辫梢，显得格外雍容华贵。

塔吉克族传统刺绣

塔吉克族妇女最出色的手艺是刺绣。男帽、女帽、衣领、襟边和荷包等衣物上，大都饰有刺绣花纹。丝线以红、黄、绿、紫等色为多。图案由妇女们自行创作。由于信仰伊斯兰教，所绣图案中没有人物、禽兽形象，主要是花卉和几何图案。女帽前檐的"库勒塔勒克"（帽边）最为精致，一条宽不盈寸、长仅几厘米的帽边，往往要绣十多天。每条都绣得五彩缤纷，有的像满插鲜花，有的像遍缀宝石。

此外，牧民制作的鞍、鞭等马具亦很讲究，大多饰有图案，有的还镶嵌了白银、钢丝。雕刻不多，一般在乐器上加刻若干花纹。此外，有的"麻扎"的拱北等建筑物上有精美的浮雕等装饰。

第九章
民族区域自治

美丽的塔什库尔干位于帕米尔高原东部,总面积2.5万平方公里,我国著名的红其拉甫口岸矗立在该县境内。塔什库尔干作为我国对外开放的窗口,有着连接中亚、西亚、南亚的纽带和桥头堡的美誉。

塔什库尔干塔吉克自治县街景

塔什库尔干塔吉克自治县

1949年10月1日，中华人民共和国成立不久，五星红旗插上了帕米尔高原。从此，帕米尔高原上的塔吉克族人民摆脱了几千年阶级压迫和民族压迫的历史，走上了人民当家做主的历史新时代。

1949年9月25日，陶峙岳、包尔汉等给中央发电，宣布脱离国民党政府，举行起义。10月24日，人民解放军战车团在固良、胡鉴的率领下，进入乌鲁木齐，随后人民解放军先遣支队战车团部队进入喀什。1949年12月中国人民解放军某野战军第一兵团第二军四师十一团第一连在胡鉴团长的率领下推进塔什库尔干，将五星红旗插到了帕米尔高原上。塔什库尔干的各族人民不顾帕米尔高原的刺骨严寒，从四面八方来到这里，迎接给自己带来解放和自由的子弟兵。解放了的塔吉克族人民从此开始了光明、幸福的新生活。

中国人民解放军来到塔什库尔干以后，进驻各连防哨卡，不仅保卫边境安全，保障革命及建设事业的顺利进行，而且同各族人民亲密团结，帮助他们建立了民主政权，实行了民主政策。

中国共产党为了解决好国内的民族问题，彻底消灭民族压迫和民族歧视，建立以民族平等为基础的新关系，逐步消除各民族在经济文化上实际存在的不平等，使各民族共同繁荣，将马列主义民族理论运用于中国的具体实际，制定了民族区域自治政策。1952年，中华人民共和国中央人民政府颁布了《中华人民共和国民族区域自治实施纲领》。这项政策的实施使帕米尔高原又一次沉浸在了欢乐之中。

塔什库尔干县在解放初期，有塔吉克、柯尔克孜、维吾尔、汉族等6个民族居住，塔吉克族占总人口的50%。当时全县分为4个地区，除布龙口、恰隆外的其他两个地区人口的绝大多数为塔吉克人。在长期的历史发展过程中，塔什库尔干地区的各民族之间建立了兄弟般的关系。1954年6月召开的塔什库尔干县第一届人代会第一次会议考虑到塔什库尔干县上述情况，根据《中华人民共和国民族区域自治实施纲领》的原则，决定成立塔什库尔干塔吉克自治县，为此成立了由21人组成的筹委会，西仁·伯克（塔吉克族）任委员会主任，汗赛得尔干（塔吉克族，宗教人士）任副主任。筹委会成立后，便从各单位抽调了66名干部，派往各乡、草场、牧场，广泛宣传民族区域自治的政策，听取各界、各阶层的意见。筹委会多次召开会议，对自治县名称、区界（县界）、代表中各民族所占比例等重大问题进行讨论。当时，成立克孜勒苏

塔什库尔干塔吉克自治县县城广场——雄鹰广场

▲

阿拉尔金草滩

柯尔克孜族自治州的筹备事宜也在积极地进行着。因此，这些问题是在顾全大局的情况下进行讨论的，考虑到塔什库尔干县的布龙口、恰隆两地区居住的主要是柯尔克孜族人，遂决定将这两区划归克孜勒苏柯尔克孜自治州。由于民族区域自治政策及其实施原则和自治地方的权利得到了广泛的宣传，广大群众热烈拥护党的这项政策，积极支持自治，为筹备工作做出了贡献。经各族人民协商，选出了自己的72名代表，其中塔吉克族60名，占83%。

　　1954年9月11日，塔什库尔干县第一届人代会第二次会议上宣布塔什库尔干塔吉克自治县正式成立。筹委会就成立自治县的筹备工作向大会做了报告，大会就自治县行政区划、县人民政府组成人员比例及自治县名称等进行了充分的讨论并形成决议。塔什库尔干县从此称为塔什库尔干塔吉克自治县。大会经充分协商选举产生了自治县人民委员会，选举西仁·伯克为县长，任兴家为副县长，选举祖拉力（塔吉克族）等19人为人民委员。帕米尔高原塔吉克人民当家做主的愿望终于实现了。1954年9月18日，在塔什库尔干县城举行了盛大的群众大会，热烈庆祝自治县的成立。中共中央原新疆省分局、新疆省人民政府和新疆军区等上级单位及各兄弟民族都派代表参加了大会，热烈庆祝塔什库尔干人民这个重要的日子。

同年，又建立了喀什地区莎车县孜热普夏提塔吉克族乡、泽普县布依鲁克塔吉克族乡和田皮山县垴阿巴提塔吉克族乡，1980年又成立了柯尔克孜自治州阿克陶县塔尔塔吉克族乡。

塔什库尔干塔吉克自治县塔吉克阿巴提镇

移民搬迁、异地开发是塔什库尔干塔吉克自治县农牧民彻底摆脱贫困、实现稳定、持续发展的根本出路。塔什库尔干属高寒干旱山区，自然条件恶劣，该地区的移民搬迁异地安置问题摆到了新疆维吾尔自治区、喀什地区及塔什库尔干塔吉克自治县的重要议事日程上。在这种背景下，通过上级领导的多方协调选址，最后确定由麦盖提、岳普湖、巴楚三县区同调剂、在岳普湖境内划拨5万亩土地组建塔什库尔干县塔吉克阿巴提镇。

塔吉克阿巴提镇位于岳普湖县东端，岳普湖至麦盖提公路45公里处，公路横穿全境，与岳普湖县巴依阿瓦提乡相邻，距离岳普湖县城53公里，距离牌楼劳改农场20公里，距离麦盖提县城45公里，距离喀什市132公里，距离自治县县城425公里。东西宽7.5公里，南北长11.5公里，平均海拔1 178米，面积33.4平方公里。2005年年底，全镇总户数463户，2 532人。其中塔吉克族2 388人，占94%；维吾尔族21人，占0.8%；柯尔克孜族92人，占3.6%；汉族31人，占1.2%。

阿巴提镇儿童

塔吉克阿巴提镇属新搬迁居民区，"阿巴提"是塔吉克语，译意为

"繁荣富饶"。该镇地势平坦,属平原移民开发地区,总面积0.33万公顷。至2005年,已开发荒地345.73公顷,主要种植小麦、玉米、苜蓿。该镇经济以农为主,以牧为辅。农业属灌溉农业,修建渠系1 160公里,其中干渠5公里、支斗渠100公里、排碱渠35公里、防渗渠6.2公里。有村级公路67公里,其中沥青路17.5公里、砂石路22公里、土路27.5公里。有小型拖拉机26台,用于耕作和运输。该镇有电力供电站1座,由岳普湖县电力公司于2002年7月投资修造。有移动通信转播站1个,由中国移动公司于2003年4月投资180万元修建。有无塔供水站1座。面粉加工厂1个。有广播电视转播站1所,广播电视覆盖率达100%。有卫生院1所,医务人员5人,病床8张。有中心小学1所,教职工35人,在校学生400人,从学前班开始,全部使用汉语授课。

2005年,该镇粮食播种面积300公顷,每公顷产2 715千克,粮食总产57.7万千克;牲畜存栏2 632头(只)。有防护林18.4公顷,经济林41.6公顷。

孜热甫提夏塔吉克族乡

"孜热甫提夏",塔吉克语是"金子的河流"之意。该民族乡属喀什地区莎车县,总面积为36 092亩,人口为1 704人(2000

孜热甫提夏塔吉克族乡春天景色

年统计），占该乡总人口的20%。

　　1954年2月中共中央原新疆省分局、新疆省人民政府在莎车县塔吉克族聚居地建立了莎车县孜热甫提夏塔吉克族乡。当时该乡塔吉克族人口为747人，占总人口的56%。期间，由于种种原因，该民族乡被撤销并合到莎车县的恰热克镇。直到1984年12月，根据相关民族政策精神，恢复孜热甫提夏塔吉克族乡。该乡管辖11个村。主要从事农业、牧业和林业。日常使用塔吉克语和维吾尔语，信仰伊斯兰教什叶派伊斯玛仪支派。近几年来，该民族乡的各项社会事业不断发展，居民们的生活有了一定的改善。

布依鲁克塔吉克族乡

　　"布依鲁克"，塔吉克语是"葡萄园"之意。该民族乡属喀什地区泽普县。总面积有2 402平方公里，总人口为2 042人（2000年统计）。

　　1954年2月，根据党的民族政策，在泽普县下设立了布依鲁克塔吉克族乡。当时塔吉克居民人口为1 589人，占该乡总人口的53.6%。1963年，民族乡被撤销。直到1985年3月恢复泽普县布依鲁克塔吉克族乡。该民族乡管辖3个村，13个村委会。改革开放以来，该民族乡的农业、牧业、林业和各项社会事业较快发展，群众利益得到保障，生产生活条件明显改善。

◀ 莎车塔吉克民族乡老人

垴阿巴提塔吉克族乡

　　"垴阿巴提"，塔吉克语是"新繁荣的地方"之意。该民族乡属和田地区皮山县。海拔4 000米，总面积6 000平方公里，人口为840人（2000年统计）。1954年，垴阿巴提塔吉克族乡成立。

垴阿巴提塔吉克族乡的居民主要使用塔吉克语的瓦罕方言，因为他们在19世纪中叶从瓦罕地区被迫迁往中国。

该民族乡是以农业和牧业为主的。近几年来，垴阿巴提教育、卫生、文化等各种社会事业得到了很好的发展，扶贫开发工作进展得顺利，居民生活有了很大的改善。

垴阿巴提牧区景色

塔尔塔吉克族乡

"塔尔"，塔吉克语意思是"狭窄的地方"，这与该乡的地理地形是相辅相成的。新中国成立前，塔尔是蒲犁县（塔什库尔干县）的一个乡。1954年考虑到阿克陶县的设立，把塔尔乡从塔什库尔干分离，归阿克陶县管辖。

塔尔塔吉克族乡是塔吉克族区域自治地方里面最年轻的一个民族乡，1984年建立。该乡隶属于克孜勒苏柯尔克孜自治州阿克陶县，面积为2 840平方公里。人口3 458人（2000年统计）。海拔3 500米。塔什库尔干河把塔尔塔吉克族乡从西到东

塔尔塔吉克民族乡阿库木学校

分成了28块地方。塔尔塔吉克族乡土地肥沃，森林茂盛繁密，水果丰富。因此，很多村名被称为"果园""梨园""苹果园"等。

第十章
杰出人物

塔吉克人是太阳神的子孙,古往今来,塔吉克民族在历史的长河中谱写出不朽篇章。在新疆跨越式发展和建设团结和睦、繁荣富裕、文明进步、安居乐业的社会主义的大背景下,塔吉克人民以新时代的使命感、责任感建设着美丽家园。

库尔察克

　　库尔察克原名依达亚提，出生于塔什库尔干北郊的提孜那甫乡。因家境贫寒，他从小给人放牧牛羊。13岁时遭匪帮掳掠，被当作奴隶转卖到布哈拉汗国。库尔察克日夜思念祖国，逃跑多次，最终历尽艰险返回家乡。身高力大、勇敢机智的库尔察克回国后加入了清军，1830年，他已因军功升任"六品依什罕伯克"。1831年1月，库尔察克被政府调任色勒库尔回庄的伊什罕伯克（副地方长官）。1834年农历八月二十一日，当时已担任色勒库尔阿奇木伯克的库尔察克向叶尔羌办事大臣禀报，浩罕的列什格尔（官号）胡什伯克遣48人入侵塔合尔满庄。1836年6月间，库尔察克禀报，浩罕派头目布古奇带领数百人入境侵扰，抢掠牛羊。库尔察克率领塔吉克族群众奋勇抗击，杀敌20多人，夺回牛羊，驱逐了入侵之敌。

　　浩罕侵略者为了夺取入侵南疆的"咽喉之地"色勒库尔，拔去他们的"眼中钉"库尔察克，竟于1836年农历十月初三日，由胡什伯克亲率两千余人，进攻塔什库尔干（石头城，色勒库尔回

演义帕米尔英雄库尔察克

庄治所），用大炮轰开城墙。库尔察克"杀贼数十名，因胸间中枪身死"，他的"次孙英提巴哈沙在山产庄防守，亦被枪伤身死，其眷属皆被掳去"。民族英雄库尔察克，长期与浩罕侵略者进行英勇斗争，最后壮烈地以身殉国。

买买提·克里木

买买提·克里木是清朝末年色勒库尔的塔吉克族阿奇木伯克。其父阿布都拉·哈山得精神病后，莎车知州委派克里木继任阿奇木伯克之职，那时，他只有十六七岁。设立蒲犁厅后，本应完全废除伯克制度，但由于这里地处偏远，外来官吏不熟悉情况，所以仍旧留用正、副阿奇木伯克。由于克里木一家几代充当色勒库尔的正阿奇木伯克，很有势力，清朝政府特别笼络他，1895年赏给他四品顶戴，1898年又赏他白银四百两修建宅第，到1904年，又赏给他三品顶戴。克里木晚年患有眼疾，将官职传给长子，自己到莎车县养老去了。

买买提·克里木是在塔什库尔干地区的社会发展史上占有一定地位的人物。他的一些事迹也反映在国内外著名探险家的著作中。

买买提·克里木墓

夏日夫·热西德伯克

夏日夫·热西德伯克约1886年生于蒲犁县（今塔什库尔干塔吉克自治县）瓦尔西迪村（今塔什库尔干村）的一个名叫热西德伯克的家族。热西德伯克是清代的一个千户长。夏日夫·热西德伯克从小受父亲的教育，能念《古兰经》和其他宗教经典，在家族中和社会上有很高的威望。从1932年3月—1935年4月当蒲犁县的首任县官，曾组织广大塔吉克族牧民与暴乱分子做斗争，进而最终取得了胜利，在保卫祖国边境，保卫故乡中做出了很大贡献。

塔什库尔干塔吉克自治县乡村田野
▼

达里

达里（1840—?），著名叙事诗《太洪》（塔吉克语金鹰的意思）的作者，1840年生于今塔什库尔干塔吉克族自治县班迪尔乡的一个普通农牧民之家。他自幼热心于民间艺术，能背诵许多民间歌谣、"伽扎勒"抒情诗、"柔巴依"哲理诗和格言箴言，后来成为一名出色的民间戏剧能手。达里所处的时代，正是阿古柏入侵我国新疆，各族人民反抗阿古柏入侵的历史时期。达里曾在色勒库尔干的阿奇木伯克阿里夫手下当兵，亲眼看见许多历史事件，为他创作叙事诗《太洪》积累了许多的素材。

塔吉克族著名叙事诗《太洪》传唱至今

达卡·夏赫那扎尔

达卡·夏赫那扎尔（1902—?），1902年生于塔什库尔干地区提孜那甫村的一个比较富裕的牧民家庭，小时候受过良好的家庭教育。从1930年起开始从事社会活动。1940—1942年2月任蒲犁县县长。在这期间，他带领塔吉克族人民坚决反对外国势力的侵略，多次抓获了许多偷越国境的外国间谍和走私犯。他组织各村落塔吉克族牧民严密监视外国间谍特务的据点，使他们陷入孤立的境地。因为他工作中表现出了过人的才智，实际工作成绩突出，当时的喀什当局将他调任伽师县当县长。他在伽师工作4年，由于成绩突出，为人正派，赢得了当地人民的拥护和爱戴。

西仁伯克·买买提

西仁伯克·买买提（1912—1987），1912年生于蒲犁县（今塔什库尔干地区）达布达尔村的一个牧民家庭，小时候受过良好的教育。1938年参加蒲犁边防大队，他跟边防队战友一起历尽艰险，整整走了两个多月，行程一千多公里，终于巡查了整个边境线，确定了设卡建哨的各处地点。

西仁伯克·买买提

1945年8月，塔什库尔干爆发了蒲犁革命，西仁伯克·买买提成为这次革命的领导者之一。蒲犁革命之后他受到国民党当局的迫害。中华人民共和国成立之后，西仁伯克·买买提于1950年参加工作，1953年任县人民法院院长。1954年9月17日塔什库尔干塔吉克自治县成立，当选自治县的首任县长。1955年加入中国共产党，1960年再一次当选为自治县的县长。他是新疆维吾尔自治区第一、第二、第三届党代会代表，自治区人代会代表，自治区人民委员会委员。1974—1981年，任塔什库尔干县革命委员会主任，自治县县长和新疆维吾尔自治区政协常委委员。1981年离休，享受地厅级待遇。1987年6月去世，享年75岁。

龙吉克

龙吉克（1913—?），现代塔吉克文学的奠基人，他被誉为我国新民主主义文化运动在塔什库尔干地区的代表。他生于塔什库尔干县瓦尔希迪村的一个贫苦牧民家里，自幼聪明伶俐，对塔吉克民间文学有浓厚的兴趣，曾拜民间歌手和民间艺人为师，潜心学习民间口头文学。20岁时，他已能背诵许多民间歌谣，也能创作出塔吉克民众所喜闻乐见的歌谣。口头创作便是这位塔吉克族

▸ 龙吉克的歌谣已成为塔吉克族生活的一部分

文学新秀的主要创作形式。龙吉克歌谣的最大特点是来自民间、通俗、流畅易懂，他的歌谣存于民间，带有浓郁的乡土特色，其结构与民间文学中的歌谣相类，其语言通俗易懂，易于为广大人民群众相传。龙吉克的一段生活恰逢反动军阀盛世才的血腥统治时期，诗人曾亲眼看见盛世才及其帮凶对各族人民的残酷压榨及迫害，所以他的诗除了歌颂爱情的言情诗外，许多都是揭露反动政府黑暗统治、点燃人们反抗怒火的愤世之作。他创作的歌谣《无情》《我的白鹰》《红头巾》《青甘的美人》等至今仍在民间流传。

卡尔万夏·塔吉伯克

卡尔万夏·塔吉伯克，塔什库尔干塔合曼乡人。他在塔什库尔干的现代史上扮演过重要角色。1938—1939年中国共产党人胡鉴和许亮领导塔吉克族人民开展反对帝国主义斗争，由于塔吉克族人民长期深受帝国主义的掠夺和压迫，所以在这场斗争中，大多数人立场鲜明、态度坚定。其中蒲犁县副县长卡尔万夏·塔吉伯克的表现尤为突出。他亲自带领支援大队，顶风冒雪，跋山涉水，把一袋袋粮食送上边境线。在各族人民的大力支持和密切合

卡尔万夏·塔吉伯克的故乡——塔合曼

作下，在漫长的国境线上，建成一系列哨所和边卡，制止了帝国主义分子组织的非法越境和走私活动。

艾玉特拜格姆

女诗人艾玉特拜格姆是继龙吉克之后又一位引人注目的塔吉克族诗人。她原本是一位牧民，生活在塔什库尔干县的热斯坎木村。1945—1946年间，塔什库尔干地区爆发了反抗国民党统治的民族民主革命——蒲犁革命。许多塔吉克青年在这次革命中献出了生命，艾玉特拜格姆的弟弟热介甫也牺牲了。为了悼念死难者，女诗人以感人的语言创作并演唱了她那首后来在民间广为流传的哀诗《哀叹》。

除了这首《哀叹》外，艾玉特拜格姆还创作过一些哀歌，在现代塔吉克文学上占有一定的位置。

艾玉特拜格姆的故乡

祖拉力·牙库甫

祖拉力·牙库甫，1920年11月生于塔什库尔干瓦恰乡的一个宗教之家。儿时在宗教经学堂受过教育，1936年入塔什库尔干小学读书，1939年1月到喀什参加教师培训，1939—1941年到乌鲁木齐师范学校读书，1941年10月—1945年6月在黄埔军校乌鲁木齐第九分校读书并接受军训。从1945年起参加三区革命。新疆解放后，1950年4月在中国人民解放军喀什噶尔团政治部工作，主要负责边境保卫工作。1950年4月加入中国共产党，成为第一个加入中国共产党的塔吉克人。1951年南疆区党委任他为蒲犁县公安局局长，当时他在十分艰难的条件下做了大量工作赢得了人民的爱戴和上级的充分肯定。塔什库尔干塔吉克自治县成立以后，他当了县委副书记，副县长。1958—1960年在中央党校学习。1960—1983年在喀什专区当副专员，1983—1988年任自治区人大常委会委员，1988—1998年，为第八届、第九届全国政协委员，1998年离休。1955年随中国政府代表团访问苏联莫斯科、列宁格勒和中亚加盟共和国，1974年随我国政府代表团在巴基斯坦进行访问。

祖拉力·牙库甫

塔毕勒迪·吾守尔

塔毕勒迪·吾守尔（1928—2004），是塔吉克族中享誉甚高的诗人之一。1928年出生于蒲犁县县城。新中国成立后，先后在乌鲁木齐和北京的语言研究机构从事塔吉克语文字的研究工作。2004年2月因病去世，享年76岁。

他是塔什库尔干塔吉克自治县艺术团和县文化馆的创建人之一，在这两个单位的建设和管理过程中，他付出了大量的心

塔毕勒迪·吾守尔

血，为繁荣塔吉克文学艺术做出了应有的贡献。在文化馆工作期间，他一直从事塔吉克民间神话、传说故事、寓言、谚语、歌谣、诗歌（主要指民歌体的双行诗）、"柔巴依"和其他口头文学体裁的搜集整理工作。这其中的一部分被译成了维吾尔语和汉语在刊物上发表。他根据所收集的资料撰写的论文《关于塔吉克民间长诗》一文曾在省级学术讨论会上宣读并被刊登在维吾尔文、汉文杂志上。

从1956年起，塔毕勒迪·吾守尔就用塔吉克语和维吾尔语进行诗歌创作，写出了许多优秀的诗篇。有时他还进行音乐创作，他所写的歌词和音乐及创作的歌曲常由塔什库尔干塔吉克自治县艺术团演唱，一部分还被新疆人民广播电台录成了唱片。他的诗歌代表作有《解放了，美丽的祖国》《勤劳的小伙子》《花束》《感谢领袖毛主席》《帕米尔群山》《欢乐的时刻》等。

古力米尔·买买提

古力米尔·买买提（1930—2009），生于蒲犁县提孜那甫乡的一个普通的牧民家庭。

古力米尔·买买提

古力米尔·买买提是新中国成立后在党和政府的培养下成长起来的知识分子。他1950—1953年在喀什师范学校读书，1956年在中央民族学院语言专业进修。1959年开始他在乌鲁木齐、北京等地从事塔吉克族语言文字的研究工作，取得了可喜的成绩。在《塔吉克语简志》《色勒库尔塔吉克语》《塔吉克语、维吾尔语、汉语词典》等著作中都倾注了心血，做出了贡献。他多次参加国家有关部门组织的塔吉克族社会历史调查工作，收集、整理和翻译了大量珍贵的资料。这些资源都反映在国家民委组织编写的五种丛书中的《塔吉克族简史》和《塔吉克族社会调查》等著作中。他在自治区语委会工作十几年，后来调到塔什库尔干县，在县委宣传部、县公安局、县法院和提孜那甫乡等单位工作，1985年退休。

古力米尔·买买提先生是电影《冰山上的来客》的民族民俗顾问。

古力米尔·买买提是当代塔吉克族的优秀代表，他一生默默无闻地为党为祖国为人民服务。他这种高尚的品德，无私的奉献精神是值得我们学习的。

肉斯塔木·玛纳斯

肉斯塔木·玛纳斯，1936年出生在蒲犁县瓦尔西地村的一个贫牧家庭。1952年8月—1953年1月，参加了喀什市色满乡和疏附县一乡的土地改革工作。1953年1月—1956年4月任县团委宣传部部长。1956年4月—1962年2月任县团委书记、县委委员、自治区团委候补委员，1957年被选为第三届全国团代会的代表，去北京参加大会并得到毛泽东主席等中央领导的接见。1962年3月—1964年9月为县委委员，农工部部长。1964年7月—1965年4月任县委委员，县人民政府办公室主任。1965年5月—1967年1月任县委常委、副县长。1970年去参加中央畜牧业工作会议，得到李先念副总理的接见。1972年参加中央边防会议，得到叶剑英元帅的接见。

◀ 肉斯塔木·玛纳斯

1971年6月—1974年10月任县委副书记、县革委会副主任。1974年10月—1986年12月，先后在自治区地质局任党组副书记、副局长、兼纪检委书记。1987年1月—1997年4月任区党委农工部副部长（从1992年以后正厅局级待遇）。期间，先后为自治区第五届党代会代表,自治区第六届人大代表和自治区第七届、第八届人大常委会委员,1998年为第九届全国政协委员。

1985年随官方代表团在澳大利亚进行访问,1995年随新疆维吾尔自治区政府代表团在美国、加拿大进行访问,1998年随政府代表团在哈萨克斯坦、塔吉克斯坦、吉尔吉斯斯坦和土库曼斯坦进行工作访问。2003年退休。

司马义·艾则孜

司马义·艾则孜,1936年生于蒲犁县大同乡的一个普通牧民家庭。1952年9月毕业于新疆省干部学校,1953年10月参加工作,主要从事党政部分工作,几次在地区、自治区和中央党校学习,提高政治理论水平。1977年5月—1988年12月任中共塔什库尔干县县委书记,1981年任塔什库尔干县第五届政协主席。1988年1月—1996年7月,为中共喀什地委专职委员(副厅局级),1996年6月退休。1983—1992年为中共第十二届、第十三届全国代表大会代表并去北京参加党代会,得到邓小平等党和国家领导人的接见。三次作为代表参加过自治区党代会和党委扩大会议。1993年随自治区政府代表团在塔吉克斯坦等独联体国家进行访问。司马义·艾则孜不仅是一位高级领导干部,而且是一位塔吉克族诗人。二十多年来,他在繁忙的工作中抽时间从事文学创作,发表160多首诗歌。主要内容为歌颂祖国大好河山,歌颂塔吉克族人民的新生活。他的诗歌思想内容深刻,结构紧凑,语言明白通顺,在当代塔吉克族诗坛上有一定的地位和影响。

司马义·艾则孜

买买提·肉孜

诗人买买提·肉孜是当代塔吉克诗坛著名的代表人物之一。他于1936年出生在蒲犁县大同乡一个牧民的家庭。

1948—1951年在小学读书，后来当了一名教师。他的文学创作活动是从1956年以后开始的。他用维吾尔语言文字创作了许多优秀的诗歌，并在自治区的各种报纸杂志上发表。1973年受"四人帮"残酷迫害，因病早逝。从20世纪60年代末到70年代初他一直是塔什库尔干县文工团团长。他的诗歌除被谱上曲搬上银幕外，还在广播上播唱。

◀ 买买提·肉孜

他的诗数量多、质量高，充分反映了伴随着解放的曙光而翻身的塔吉克劳动人民对社会主义制度的真心欢迎及塔吉克牧民如春天般美丽的新生活景象，同时也反映了他们对生活的火热情感。

买买提·肉孜在创作中，还以独特的艺术风格在很大程度上表达了一种强烈的爱国主义思想。这种思想是诗人对祖国的沃土和大好河山及一草一木的珍惜和热爱，是为此而感到骄傲的个人感情的艺术升华。诗人在诗中将广大人民群众的幸福情感同他们对祖国和新时代的热爱之情紧密地联系在一起。

都尔达娜·卡库勒

都尔达娜·卡库勒，1938年4月生于蒲犁县一个牧民家庭。1950—1955年，在县小学读书。她小学毕业就参加了工作，因为当时整个塔什库尔干塔吉克自治县没有一个识字的妇女干部，从1956年起她调到县妇联工作，至1980年她先后担任县妇联代主任、副主任和主任职务。1989年当选为塔什库尔干塔吉克自治县

都尔达娜·卡库勒

人大常委会副主任并负责县妇联工作,曾任县委常委。她是新疆维吾尔自治区第一至第五次妇女代表大会的代表、委员和常委。全国第三、第四次妇女代表大会的代表。都尔达娜·卡库勒是杰出的妇女代表和妇女工作者。几十年来,她坚持男女平等的原则,保护妇幼的合法权益并在这方面做了大量的工作,取得了很大的成绩,赢得了人民群众的爱戴,同时也得到各级党政部门的认同。

居马·赛德

居马·赛德,著名外科主任医师,1941年5月出生于新疆蒲犁县塔什库尔干乡一村。

1941—1951年接受家庭教育,1951—1955年在县城小学读书。1956年2月—1956年9月在自治区流行病防治所学习。1956年9月—1958年9月在克孜勒苏柯尔克孜自治州医院门诊部工作。1958年9月—1961年9月在喀什卫校学习临床治疗专业。1961年9月—1978年4月在喀什地区第一人民医院外科任医生,在这期间,1964—1966年在喀什卫校进修专业理论,1975年6月—1976年9月在上海骨科医院学习创伤骨科与断肢再植技术。1978年4月调到塔什库尔干县医院工作,先后任外科主任、副院长、院长等职,2001年1月退休。

居马·赛德

在医疗战线辛勤工作40多年,为无数患者解除了病痛,在喀什地区第一医院工作期间,特别是在去上海进修返回后,实施复杂的骨科手术项目,受到了组织和广大群众的好评。

曾发表《报告一例阴茎根部大部

断裂患者》《梨状肌损伤的治疗经验》《颈椎综合征的治疗》《坏死性肠炎的手术治疗》等论文。

1984年被自治区民委、人事厅、科协评为"先进科技工作者"，1986年被国家民委、人事部、中科院授予"少数民族地区先进科技工作者"并受到表彰。1988年出席全国总工会十一届代表大会。1996年参加自治区"八五"计划时期社会主义精神文明先进个人表彰大会并受到表彰。1998年入编《中国专家人名辞典 新疆卷》，1999年参加自治区卫生系统吴登云式的先进个人表彰大会并受到表彰，任喀什医学会第三、四届理事会理事，塔什库尔干县第七、八届党代会代表，塔什库尔干县第八、九届人大常委会委员，第十二届人代会代表，县政协第八、九、十届委员会常委。

阿提开姆·扎米尔

阿提开姆·扎米尔，1943年生于喀什的一个塔吉克族知识分子家庭。1955年毕业于原新疆学院的艺术系，1959年参加工作。她是自治区第七届人大代表，是中国少数民族作家协会、中国舞蹈协会、新疆作家协会、新疆舞蹈协会的会员以及喀什地区舞蹈协会主席。

阿提开姆女士于20世纪60年代在塔什库尔干开始从事塔吉克民间文学的搜集和整理。她的文学创作生涯是从党的十一届三中全会以后开始的。她先后在各类报刊上发表了150首诗歌，20多篇短篇小说和电影剧本。她的一部分短篇小说和诗歌被译成汉文或外文发表。

◀ 阿提开姆·扎米尔

伊萨克·阿扎热

诗人和作曲家伊萨克·阿扎热是当代塔吉克诗坛上著名的代表人物之一。他1942年出生于蒲犁县班迪尔乡一个牧民家庭。1950—1956年在班迪尔小学和塔什库尔干寄宿学校读书。1956—1958年就读于喀什师范学校,毕业后在塔什库尔干县中学任教。1961年起在县文工团工作。

诗人伊萨克·阿扎热从小就非常喜欢民间歌曲,其父阿扎热是一位著名的民间艺人。在其父亲的影响下,他深深地爱上了歌谣、音乐和民间口头文学。其父发现了儿子

伊萨克·阿扎热

的天赋后,便常带着他去参加别人的婚宴,如此好的机会为诗人从小学习民间歌谣创造了条件。因此他从小就熟练地掌握了《太洪》《美人》《尼格尔》《莱丽》《西仁江》《我的花》等经典民歌。

马达力汗·包仑

马达力汗·包仑

马达力汗·包仑,著名塔吉克族学者和作家,1943年生于蒲犁县瓦尔西地村。1953—1956年在塔什库尔干县城小学读书,1957年参加工作,1959—1960年在喀什地区党校翻译班学习。先后在塔什库尔干县人民政府、县人大从事翻译工作。1983—1993年任县文化馆馆长和县民宗委主任,1993—1998年任县政协副主席,为自治区政协第七届委员会委员,自治区政协第八届委员会常务委

员，自治区哲学社会科学联合会委员，新疆社会科学院特邀研究人员，自治区翻译协会会员，自治区民研会会员。

艾尔卡·木沙克

艾尔卡·木沙克，1948年生于蒲犁县提孜那甫乡的一个普通牧民家庭。1968年毕业于喀什师范学校。1968年当教师，从事教育事业，在大同乡小学、县寄宿学校工作了三十多年。她在非常平凡的工作岗位上做出了不平凡的成绩，受到同行和学生的好评，引起了上级教育部门和党组织的重视。由于她的成绩出色，表现极为突出，所以她曾经两次被评为喀什地区先进工作者，荣获喀什地委和行署的奖励。1996年被评为新疆维吾尔自治区优秀共产党员，荣获自治区党委的奖励。1989年被评为全国先进工作者，荣获国务院全国先进工作者称号和奖励。1997年她作为塔什库尔干塔吉克自治县和塔吉克族党员的代表参加了中国共产党第十五届全国代表大会，并受到党和国家领导人的接见。这是她一生中最难忘的时刻。她工作一向兢兢业业，任劳任怨，为塔什库尔干塔吉克自治县教育事业的发展做出了很大的贡献，树立了一个人民教师的光辉形象。

艾尔卡·木沙克

卡德尔·夏布苏里坦

著名内科医生卡德尔·夏布苏里坦，中共党员，1949年生于新疆蒲犁县吐格兰夏尔村的一个宗教家庭，内科主任医师，现任塔什库尔干县人民医院院长。

卡德尔于1968年9月毕业于自治区中医学校药剂专业，1971年在喀什地区人民医院制剂室培训半年。1975年9月进入北京医学院医疗专业学习3年。为了不断加强专业技术理论的学习，丰

卡德尔·夏布苏里坦

富临床诊疗经验，他于1981年3月前往喀什地区结核医院南疆学习班学习了半年关于"结核病的诊断及治疗"。1982年在新疆医学院内二科学习了胃镜的检查。1983年在自治区人民医院学习急救医学。1996年3月参加了自治区卫生厅医学院院长学习班。

卡德尔于1968年10月参加工作，在塔什库尔干县瓦恰乡卫生院任农村医生，1971年3月调入塔什库尔干塔吉克自治县人民医院，先后任药库管理员，放射、心电图室技师，内儿科临床医师，内儿科副主任、主任，业务副院长等职务，于2001年9月担任县人民医院院长。

卡德尔自参加工作以来，先后主持参加了高原地区职工健康普查、塔吉克族高血压普查、高原常驻者无创伤心功能检查、塔什库尔干县塔吉克族婴幼儿佝偻病及营养不良的普查、塔什库尔干县白内障康复总结、塔什库尔干县高原病普查与统计等工作，并撰写了5篇医学论文：《55岁以上高原昏迷20例分析》（《新疆急诊医学分会第三届学术会议论文集》）、《高原地区青年白内障5例分析》《喀什卫生》《高原病分析》（《中华医学论文集》）、《肠系膜静脉血栓内科治疗体会》（《中国乡村医生》）等。由于积累了丰富的临床经验，卡德尔于1987年被聘为内科主治医师。1994年被聘为内科副主任医师，2001年被自治区职称改革办公室评聘为内科主任医师。他的事迹也被录入《中国专家名人辞典》及《新疆医疗卫生信息大全》，卡德尔成为一名出色的帕米尔高原塔吉克族医学事业带头人。

鉴于卡德尔出色的工作业绩，他多次被医院评为"先进个人""年度优秀工作者"，几次被自治县评为"优秀共产党员"，被喀什地区授予"先进科技工作者"及"征兵体检先进个人"的荣誉称号。卡德尔曾是自治县第七、第九、第十、第十一届人大代表，并当选为自治县第七、第九、第十届人大常委会委员。

莫尼·塔毕勒迪

莫尼·塔毕勒迪是当代塔吉克族文学上的著名作家和诗人，此外他还是一位领导干部，多年来任塔什库尔干塔吉克自治县副县长、县人大主任、县政协主席、自治区人大代表、全国政协委员、自治区作家协会会员。

莫尼·塔毕勒迪1950年9月出生于蒲犁县的一个牧民家庭。他在喀什师范学院就读期间就踏上了文学创作之路。他的诗风格别致，流光溢彩，语言简练通俗，流畅，韵律工整。他的诗作热情讴歌了祖国和社会主义建设，反映了艰苦奋斗振兴祖国的一代新人的大无畏精神，充分表现了时代的本质特征。

◀ 莫尼·塔毕勒迪

肉孜·古力巴依

肉孜·古力巴依，作家和诗人，1954年4月出生于蒲犁县大同乡的一个牧民家庭。1976年毕业于新疆大学历史系历史专业。他先后任大队党支部书记，县党校教师，大同乡副乡长，县文教局局长，副县长，从1996年起任县委副书记，塔什库尔干塔吉克自治县县长等重要职务。从1998年起，为第九届、第十届全国人大代表。他现在为中国农村教育研究协会、自治区作协、喀什文联、喀什作

◀ 肉孜·古力巴依

协等协会会员。1992年、2000年分别被列入《当代教育名人词典》和《中国当代创业者名人词典》作重点介绍。

拜海提·牙合甫

著名摄影师，1954年5月出生于蒲犁县。高中毕业后，1970年入伍当兵，在中国人民解放军独山子第八师服役。1975年退役之后分配到天山电影制片厂工作。1976—1978年在西安电影制片厂进修摄影专业。1979年他担任西安电影制片厂拍摄的电影《向导》的摄影助理。从此，他的摄影生涯开始了，他的足迹踏遍了天山南北。

▶ 拜海提·牙合甫

30年来，拜海提·牙合甫为新疆的电影、电视和广告事业的发展做出了突出的贡献，赢得社会广泛好评。

阿洪尼克·都来提伯克

▶ 阿洪尼克·都来提伯克

阿洪尼克·都来提伯克，1959年3月生于塔什库尔干塔吉克自治县提孜那甫乡的一个牧民家庭。小学毕业以后，1972年在塔什库尔干塔吉克自治县文工团工作，1973年在喀什师范学校艺术班学习，1975年9月—1980年7月在北京中央民族学院艺术系学习。1980年9月在喀什地区文工团工作。1994年调到中央民族歌舞团工作。

他在艺术生涯中取得了辉煌的成绩，赢得了观众的爱戴。

扎米尔·赛都拉扎德

扎米尔·赛都拉扎德，1963年4月生于塔什库尔干塔吉克自治县。1970—1973年在瓦恰乡上小学读书，1973—1978年在塔什库尔干塔吉克自治县第一中学读初、高中。1978年考入新疆大学中文系，1983年7月，被分配到新疆社会科学院民族文学研究所工作。在工作期间，1985年3月—1987年3月在北京大学东方语言文学系进修两年。1989年10月—1996年3月在塔吉克斯坦共和国科学院鲁达基语言文学研究所、哲学研究所和塔吉克斯坦国立大学攻读博士研究生课程，1995年10月被俄罗斯联邦最高学位委员会授予语言文学博士学位，成为我国塔吉克族的第一位博士。

扎米尔·赛都拉扎德

1996年3月学成归国，在新疆社科院民族文学研究所工作。主要从事古典民族文学及塔吉克古典文学的研究。1996年5月晋升副研究员，并被任命为民族文学研究所第一研究室副主任。2002年10月晋升研究员。2002年11月被任命为中亚研究所副所长。除了母语外还精通维吾尔语、汉语、俄语、波斯语等。曾经为自治区政协第八届委员会委员，现为自治区社科院国际问题研究中心副主任，新疆社科院学术委员会委员，新疆社科院研究部导师，自治区社会科学研究系列中级职称任职资格评审委员会委员，自治区民研会会员。

主持国家社科基金1999年度一般项目《阿拉伯—波斯文学阿鲁孜格律理论与我国突厥语古典文学的关系研究》，已完成并通过专家鉴定。此外，还参加并完成国家课题4项，自治区课题4项，院级课题2项，专著有3部，国内外刊物上发表的论文共有20篇，参加国际学术活动2次，国内学术活动3次，三部著作（合著）和一篇论文荣获自治区第五届社会科学优秀成果三等奖。

参考文献

1. 塔吉克文学史（塔吉克文版）. 塔吉克斯坦国家出版社, 1954
2. 新疆社会科学院考古研究所. 帕米尔高原古墓. 考古学报. 1981（2）
3. 《塔吉克简史》编写组. 塔吉克族简史. 乌鲁木齐：新疆人民出版社, 1982
4. 米儿咱·马黑麻·海答儿著, 新疆社会科学院民族研究所译, 王治来校注. 中亚蒙兀史——拉失德史（第一编, 第二编）. 乌鲁木齐：新疆人民出版社, 1983
5. 马达力汗·包仑, 热合曼库力等. 塔什库尔干塔吉克自治县概况（维吾尔文版）. 乌鲁木齐：新疆人民出版社, 1984
6. 塔吉克族社会历史情况调查. 乌鲁木齐：新疆人民出版社, 1984
7. 塔吉克族民间文学（维吾尔文版）. 喀什：喀什维吾尔出版社, 1984
8. 新疆维吾尔自治区, 北京自然博物馆, 新疆维吾尔自治区地质局测绘大队联合考察队. 塔什库尔干县吉日尕勒旧石器时代遗址调查. 新疆文物. 1985（1）
9. 高尔锵. 塔吉克语简志. 北京：民族出版社, 1985
10. ［苏］加富罗夫. 中亚塔吉克史. 北京：中国社会科学出版社, 1985
11. 王治来. 中亚史纲. 长沙：湖南教育出版社, 1986
12. 二十五史. 上海：上海古籍出版社, 上海书店, 1986
13. 新疆社会科学院历史研究所. 新疆地方历史资料选辑. 北京：人民出版社, 1987
14. 向达译. 斯坦因西域考古记. 北京：中华书局, 上海书店, 1987
15. 苏北海. 西域历史地理. 乌鲁木齐：新疆大学出版社, 1988
16. 白滨, 史金波, 卢勋, 高文德. 中国民族史研究（2）. 北京：中央民族学院出版社, 1989
17. 江应梁主. 中国民族史（上, 中, 下）. 北京：民族出版社, 1990
18. 扎米尔·萨都拉. 新疆塔吉克文学家（维吾尔文版）. 乌鲁木齐：新疆人民出版社, 1990
19. ［法］勒尼·格鲁塞著, 魏英帮译. 草原帝国. 西宁：青海人民出版社, 1991
20. 西仁·库尔班. 塔吉克族文化研究（维吾尔文版）. 乌鲁木齐：新疆人民出版社, 1992
21. 司马义·艾则孜. 冰山恋（维吾尔文版）. 喀什：喀什维吾尔出版社, 1992
22. 王炳华. 丝绸之路考古研究. 乌鲁木齐：新疆人民出版社, 1993

23. 王沛. 中亚四国概况. 乌鲁木齐：新疆人民出版社, 1993

24. 李德洙. 中国少数民族文化史. 沈阳：辽宁人民出版社, 1994

25. 西仁·库尔班, 马达力汗, 段石羽. 中国塔吉克. 乌鲁木齐：新疆大学出版社, 1994

26. 西仁·库尔班, 马达力汗. 中国塔吉克（维吾尔文版）. 乌鲁木齐：新疆大学出版社, 1994

27. ［英］马克·奥里尔·斯坦因著, 殷晴, 剧世华, 张南, 殷小娟译. 沙埋和阗废墟记. 乌鲁木齐：新疆美术摄影出版社, 1994

28. 马曼丽. 中亚研究. 北京：民族出版社, 1995

29. 高尔锵. 塔吉克语汉词典. 成都：四川民族出版社, 1996

30. ［法］阿里·玛扎海里著, 耿升译. 丝绸之路·中国—波斯文化交流史. 北京：中华书局, 1996

31. ［伊朗］阿宝斯·艾克巴尔·奥希梯扬尼著, 叶奕良译. 伊朗通史（上, 下）. 北京：经济日报出版社, 1997

32. ［日］大谷光瑞等著, 章莹译. 丝路探险记. 乌鲁木齐：新疆人民出版社, 1998

33. 铁木尔·达瓦买提. 中国少数民族文化大词典. 北京：民族出版社, 1999

34. 井亚, 买得力罕等翻译, 吕静涛编. 塔吉克族民歌选. 乌鲁木齐：新疆人民出版社, 1999

35. 新疆维吾尔自治区民族语言文字工作委员会. 新疆通志·语言文字志. 乌鲁木齐：新疆人民出版社, 2000

36. 马大正, 冯锡时. 中亚五国史纲. 乌鲁木齐：新疆人民出版社, 2000

37. 丹尼, 马松著, 芮传明译. 中亚文明史（第一卷）. 北京：中国对外翻译出版公司, 2000

38. ［伊朗］萨迪著, 张鸿年译. 蔷薇园. 长沙：湖南文艺出版社, 2000

39. 西仁·库尔班, 伊明江·木拉提. 塔吉克族民俗文化. 乌鲁木齐：新疆大学出版社, 2001

40. 波斯经典文库. 长沙：湖南文艺出版社, 2001

41. ［英］扬哈斯本著, 任宜勇译. 帕米尔历险记. 乌鲁木齐：新疆人民出版社, 2001

42. ［法］布尔努瓦著, 耿升译. 丝绸之路. 济南：山东画报出版社, 2001

30. 扎日甫·杜拉提. 新疆少数民族哲学思想史纲. 乌鲁木齐：新疆大学出版社, 2002

43. 新疆维吾尔自治区民族语言文字工作委员会. 新疆民族语言分布状况与发展趋势（塔吉克文版）. 北京：北京语言大学出版社, 2002

44. 亚诺什·哈尔马塔著, 徐文堪, 芮传明译. 中亚文明史（第二卷）. 北京：中

国对外翻译出版公司，2002

45. 吕静涛. 鹰笛——中国白种人的故事. 喀什：喀什维吾尔文出版社，2002
46. 西仁·库尔班. 塔吉克斯坦概况（维吾尔文版）. 乌鲁木齐：新疆青少年出版社，2002
47. 西仁·库尔班，马达力汗·包仑，米尔扎依·杜斯买买提. 中国塔吉克史料汇编. 乌鲁木齐：新疆大学出版社，2003
48. 楼望皓. 中国新疆民俗. 乌鲁木齐：新疆美术摄影出版社，2003
49. 张鸿年. 波斯文学史. 北京：昆仑出版社，2003
50. 余太山. 西域通史. 河南：中州古籍出版社，2003
51. 柯宗等著，吴泽霖等辑，吴泽霖译. 穿越帕米尔高原. 北京：民族出版社，2004
52. 西仁·库尔班，马达力汗·包仑. 鹰的传人. 乌鲁木齐：新疆美术摄影出版社，2004
53. 西仁·库尔班. 塔吉克族民间文学集. 乌鲁木齐：新疆大学出版社，2005
54. 新疆维吾尔自治区地方志编纂委员会. 新疆通志·民族志. 乌鲁木齐：新疆人民出版社，2005
55. 樊福江/摄影，西仁·库尔班/文，王荣/诗. 云彩上的人家——塔吉克族风情. 乌鲁木齐：新疆人民出版社，2006
56. 新疆维吾尔自治区对外文化交流协会. 塔吉克族民俗文化. 乌鲁木齐：新疆美术摄影出版社，新疆电子音像出版社，2006
57. 黄华均，白振声. 塔什库尔干塔吉克族现状与发展研究. 北京：中国社会科学出版社，2008
58. 《塔吉克族简史》编写组，《塔吉克族简史》修订本编写组. 塔吉克族简史. 北京：民族出版社，2008
59. 《塔什库尔干塔吉克自治县概况》编写组. 塔什库尔干塔吉克自治县概况. 北京：民族出版社，2009
60. 杨建新. 中国西北少数民族史. 北京：民族出版社，2009
61. 塔什库尔干塔吉克自治区地方志编委会. 塔什库尔干塔吉克自治县志. 乌鲁木齐：新疆人民出版社，2009
62. 《中国少数民族》修订编辑委员会. 中国少数民族（修订版）. 北京：民族出版社，2009
63. ［伊朗］贾利尔·杜斯特哈赫. 阿维斯塔. 北京：商务印书馆，2010
64. 埃莫马利·拉赫蒙著，李英男，刘铮等译. 历史倒影中的塔吉克民族. 2010
65. 塔什库尔干塔吉克自治县政协. 塔什库尔干文史资料（1~4）（维吾尔文版）

图片提供者

（按姓氏音序排列）

阿曼尼拉·热恰依克
第 16 页
第 17 页（上）
第 22 页
第 23 页
第 67 页
第 68 页
第 75 页
第 86 页（上）
第 92 页
第 93 页
第 95 页
第 96 页
第 97 页
第 99 页
第 103 页
第 147 页
第 148 页
第 149 页
第 151 页
第 152 页
第 155 页
第 156 页
第 157 页
第 158 页
第 159 页

第 161 页
第 164 页

拜海提·牙合甫
第 12 页
第 14 页
第 15 页
第 19 页
第 24 页
第 25 页
第 30 页
第 31 页
第 32 页（上）
第 34 页
第 36 页
第 37 页
第 38 页
第 62 页
第 69 页
第 71 页
第 86 页（下）
第 87 页
第 89 页
第 90 页
第 91 页
第 130 页
第 136 页

第 142 页
第 163 页（下）

都力坤·米那瓦尔
第 13 页
第 16 页
第 21 页
第 26 页
第 32 页（下）
第 39 页（下）
第 40 页
第 43 页
第 47 页
第 48 页
第 50 页
第 55 页
第 56 页
第 59 页
第 66 页
第 70 页
第 73 页
第 76 页
第 82 页
第 88 页
第 100 页
第 110 页
第 112 页

第 113 页
第 114 页
第 115 页（中）
第 119 页
第 120 页
第 122 页
第 123 页
第 124 页
第 125 页
第 126 页
第 128 页
第 131 页

哈菲孜江·西仁
第 17 页（下）
第 18 页
第 20 页
第 33 页
第 35 页
第 39 页（上）
第 41 页
第 42 页
第 51 页
第 52 页
第 57 页
第 83 页
第 84 页

第 85 页
第 94 页
第 105 页
第 106 页
第 107 页
第 109 页
第 115 页（上、下）
第 116 页
第 117 页
第 118 页
第 134 页
第 135 页
第 137 页
第 138 页
第 139 页
第 140 页
第 141 页
第 144 页
第 145 页
第 146 页
第 150 页
第 153 页
第 154 页
第 160 页
第 162 页
第 163 页（上）

后记

我们现在已经顺利完成《走近中国少数民族丛书·塔吉克族》一书的撰写工作。

回过头看，说心里话，我们感到欣慰之极。虽说写作过程很辛苦，但是作为鹰的传人——塔吉克族的儿子，为塔吉克族文化的研究而兢兢业业，不懈努力，义不容辞。为了塔吉克民族，为了中国文化发展做了件了不起的事。

塔吉克族是我国56个民族中较独特而有趣的民族之一，因为该民族在独特的文化生态（帕米尔高原生息环境）、种族（中国的欧罗巴人种）、语言系属（印欧语系伊朗语族）、信仰的宗教派别（伊斯兰教什叶派伊斯玛仪支派）、周边环境（塔吉克族聚居的塔什库尔干塔吉克自治县是个边境，与塔吉克斯坦、阿富汗、巴基斯坦为邻，边境线长达888.5公里，是我国内陆与多国相邻的唯一的自治县）和战略地位（塔什库尔干地区曾经是东西方文化之间的古丝绸之路的一个重要通道，现已成为我国对中亚、西亚和南亚地区出口的重要口岸之一）等方面有鲜明的特色。由于独特的地理环境和文化生态环境以及其他的人文环境，形成塔吉克民族的独特文化。

在本书中，如何论述和阐明富有魅力和极具特色的中国塔吉克族文化呢？我们思考了很久，最终以民族学、文化生态学、历史学等诸学科的基本理论为依据，以实地调查法、文献研究法、跨文化的比较法、统计分析法、共时和历时研究法、宏观的把握与微观研究法相结合的研究方法，以现有的考古资料、文献史料、前人的研究成果和民间文化材料为基础，从一个新的角度对中国的白种人——塔吉克族文化进行全面的论述。

在这部著作中，根据《走近中国少数民族丛书》的策划方案和编写大纲的总体要求以及内容框架范围之内，我们尽可能全面而客观地介绍和论述了中国塔吉克文化各方面的情况。其中，包括文化生态、民族生息环境与人文环境、历史沿革、语言文字、文学艺术、宗教信仰、生产生活习俗、地方特产、历史遗迹、民间教育、民间医疗技艺、民间体育和游戏、婚丧习俗、传统节日、家庭和社会礼仪、重要文献、民族历史大事记和参考书目等内容。

为了使本书更具有科学性和客观性，我们翻阅了大量的国内外古史典籍和有关文献资料，利用考古的新发现和前人的研究成果及塔吉克民间文化资料。书中所使用的有关民族风俗习惯、伦理道德、宗教信仰和民间文学艺术方面的材料，大部分都是我们长期以来亲自搜索、整理和研究的。这就保证了本书所使用资料的可靠性。在介绍一些历史事件和历史文化人物时，我们依照历史唯物主义的观点，从当时的社会角度出发，客观地给予评价。

对一些有争议的和尚未进行科学论证的问题，我们采取了实事求是，存而不诠的保留态度。为了使这部全面介绍塔吉克族文化的专著通俗易懂，我们采用了平铺直叙、直截了当的表达方式。

我们认为，该书的资料很丰富，极大地有利于加强民族团结，维护祖国统一和社会稳定，在当前国际国内的大背景下，该书的出版，有重要的政治社会历史文化意义。同时该书学术性、资料性、应用性兼顾，很有参考价值。

考虑到塔什库尔干塔吉克自治县今后的发展，此书在撰写过程中尽量增加了经济方面的内容，这主要体现在介绍塔什库尔干塔吉克自治县丰富的资源、旅游景点、名胜古迹及民族风情，希望以此来吸引国内外旅游者和投资者。我们认为这种出发点是必要的，因为经济发展也是一种文化，而且是非常重要的一种文化。经济和文化之间存在着辩证关系，经济是文化的前提，没有经济这个物质基础，文化谈何而来，何去何从？文化是经济发展的结果，物质决定意识的道理亦于此。

本书的撰写过程中，我们得到了塔什库尔干塔吉克自治县县长地力毛拉提·依布拉音，县政协原主席莫尼·塔毕勒迪，县政协原副主席马达力汗·包仑，喀什地委原副秘书长肉孜·古力巴依，新疆维吾尔自治区人民政府参事主任、新疆大学博士生导师阿斯兰·阿不都拉，新疆大学胡毅教授、新疆大学教授扎米尔·赛都拉扎达博士等同行们的热情帮助，没有这些同志同行们的帮助、鼓励、支持，该书的问世是不可能的，故此表示最崇高的谢意。

中国塔吉克族的历史文化是一个尚未进行系统研究的领域，有关资料不多，只有零星的几本书和论文，加之编写时间紧迫，我们的水平有限，不足之处在所难免，我们在此敬请广大读者们批评指正，提出宝贵的意见。

西仁·库尔班

2014年12月于乌鲁木齐